情報利活用
文書作成

2024対応

Word

日経BP

はじめに

本書はWord 2024の基本操作から応用的な機能までを解説しています。レポートや報告書、イラストや図形を使ったチラシ、長文の文書の作成など、実際に作成する機会の多い文書をサンプルとして使用しているので、学生生活やビジネスシーンで役立つ効率的な操作やルールを身に付けることができます。

また、Word 2016以降のバージョンはWord 2024と機能および操作方法にほとんど違いがないため、これらのバージョンのWordを使ってほぼ問題なく本書で学習することもできます。

制作環境

本書は以下の環境で制作・検証しました。

■Windows 11（日本語版）をセットアップした状態。

※ほかのバージョンのWindowsでも、Office 2024が動作する環境であれば、ほぼ同じ操作で利用できます。

■Microsoft Office 2024（日本語デスクトップ版）をセットアップし、Microsoftアカウントでサインインした状態。マウスとキーボードを用いる環境（マウスモード）。

■画面の解像度を1366×768ピクセルに設定し、ウィンドウを全画面表示にした状態。

※環境によってリボン内のボタンが誌面と異なる形状で表示される場合があります。

■[アカウント]画面で[Officeの背景]を[背景なし]、[Officeテーマ]を[白]に設定した状態。

■プリンターをセットアップした状態。

※ご使用のコンピューター、プリンター、セットアップなどの状態によって、画面の表示が本書と異なる場合があります。

表記

・メニュー、コマンド、ボタン、ダイアログボックスなどで画面に表示される文字は、角かっこ（[ ]）で囲んで表記しています。ボタン名の表記がないボタンは、マウスでポイントすると表示されるポップヒントで表記しています。

・入力する文字は「」で囲んで表記しています。

・本書のキー表記は、どの機種にも対応する一般的なキー表記を採用しています。2つのキーの間にプラス記号（＋）がある場合は、それらのキーを同時に押すことを示しています。

・レッスンの冒頭にあるキーワードは、そのレッスンで学習する主な機能です。

おことわり

本書発行後（2025年3月以降）の機能やサービスの変更により、誌面の通りに表示されなかったり操作できなかったりすることがあります。その場合は適宜別の方法で操作してください。

実習用データ

本書では、基本的にファイルを一から作成していますが、一部の操作では既存のファイルを開く操作が必要になります。実習のために必要なファイルを、以下の方法でダウンロードしてご利用ください。

ダウンロード方法

① 以下のサイトにアクセスします。

　https://nkbp.jp/050765

② [実習用データと練習・総合問題の解答のダウンロード]をクリックします。

③ 表示されたページにあるそれぞれのダウンロードのリンクをクリックして、適当なフォルダーにダウンロードします。ファイルのダウンロードには日経IDおよび日経BOOKプラスへの登録が必要になります（いずれも登録は無料）。

④ ダウンロードしたzip形式の圧縮ファイルを展開すると[IT-Word2024]フォルダーが作成されます。

⑤ [IT-Word2024]フォルダーを[ドキュメント]フォルダーまたは講師から指示されたフォルダーなどに移動します。

ダウンロードしたファイルを開くときの注意事項

インターネット経由でダウンロードしたファイルを開く場合、「注意——インターネットから入手したファイルは、ウイルスに感染している可能性があります。編集する必要がなければ、保護ビューのままにしておくことをお勧めします。」というメッセージバーが表示されることがあります。その場合は、[編集を有効にする]をクリックして操作を進めてください。

ダウンロードしたzipファイルを右クリックし、ショートカットメニューの[プロパティ]をクリックして、[全般]タブで[ブロックの解除]を行うと、上記のメッセージが表示されなくなります。

実習用データの内容

[IT-Word2024]フォルダーには、以下のフォルダーとファイルが収録されています。

フォルダー名	フォルダー／ファイル名	内容
[IT-Word2024]	[完成例]	本文の完成ファイル、練習問題の完成ファイル（[練習問題]フォルダーの中）、総合問題の完成ファイル（[総合問題]フォルダーの中）が収められています。必要に応じて別の場所に移動してください。
	[保存用]	操作したファイルを保存するためのフォルダーです。最初は空です。
	使用ファイル	本文や練習問題の実習で使用するファイルです。

ファイルの保存場所

※本文でファイルを開いたり保存したりするときは、具体的なフォルダーの場所を指示していません。実際に操作するときは、上記[IT-Word2024]フォルダーまたはその内容の移動先を指定してください。

本書では[IT-Word2024]フォルダーの保存先を、コンピューターのハードディスクとした状態で解説しています。Officeのファイルの保存先としてはクラウド上のOneDriveも利用できますが、本書では説明を省略しています。

練習問題の解答

本書の各レッスンの終わりにある練習問題、総合問題の解答をダウンロードすることができます。

ダウンロード方法は、上記の「ダウンロード方法」を参照してください。

Word 2024の画面

Word 2024の画面の各部の名称を確認しましょう。

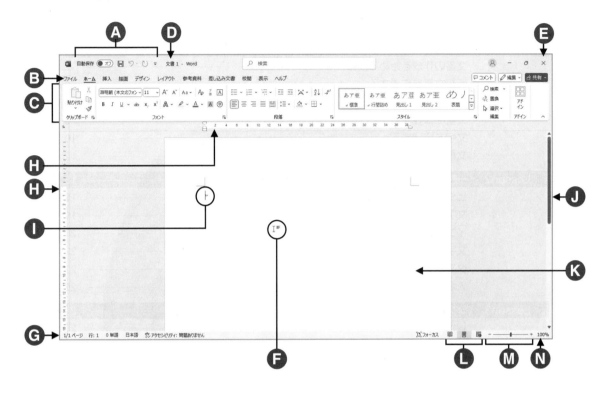

A クイックアクセスツールバー
［上書き保存］［元に戻す］ボタンなど、よく利用するボタンが配置されています。

B ［ファイル］タブ
クリックすると、［新規］［開く］［名前を付けて保存］［印刷］などの画面が表示され、ファイルに関する操作ができます。

C リボン
操作で使用できるコマンドがグループごとに整理され、タブごとにまとめられています。

D タイトルバー
アプリケーション名やファイル名などが表示されます。

E 閉じるボタン
アプリケーションを終了するときに使用します。複数ファイルを開いている場合は、アクティブなファイルだけを閉じます。

F マウスポインター
ポイントする場所や状況によって形が変わります。

G ステータスバー
選択されたコマンドや実行中の操作に関する説明など、状況に合わせた情報が表示されます。

H ルーラー
上下左右の余白、タブやインデントの位置、表の行の高さや列の幅などを表示します。

I カーソル
点滅している縦棒のことで、カーソルの位置に文字や表などが挿入されます。

J スクロールバー
現在画面に表示されていない部分を表示する(スクロールする)場合に使用します。

K 文書ウィンドウ
文書を作成するためのウィンドウです。

L 表示選択ショートカット
画面の表示モードを切り替えられます。

M ズームスライダー
画面の表示倍率を調整します。

N ズーム
現在の表示倍率が表示されています。クリックすると［ズーム］ダイアログボックスが開きます。

(5)

目次

はじめに	(3)
実習用データ	(4)
Word 2024の画面	(5)

Lesson1 文書の作成と管理 — 1

文書の作成を始める前に	2
新規文書を作成する	2
文字を入力する	5
文書を保存する	8
文字を強調する	10
文書を印刷する	12

Lesson2 一般的なビジネス文書の作成 — 15

ビジネス文書の基本ルール	16
文字列の配置を変更する	19
インデントで行頭位置を揃える	20
文字を均等に割り付ける	22
タブで文字の位置を揃える	22
人名や地名にルビをふる	25

Lesson3 シンプルなレポートや報告書の作成 — 28

レポート作成の基本ルール	29
文字を移動／コピーする	31
段落に背景色や罫線を設定する	33
同じ書式を繰り返し設定する	35
記号や番号付きの箇条書きにする	36
行や段落の間隔を調整する	38

Lesson4 表、画像、図形を使った文書の作成（1） — 44

表を挿入する	45
表の形や配置を整える	48
画像を挿入する	51
画像にスタイルを適用する	53
図形を作成する	54

Lesson5 表、画像、図形を使った文書の作成（2） — 59

表のデザインを変更する	60
セルの色や罫線の太さを変更する	61
表内の文字列の配置を整える	63
ワードアートを作成する	65
ワードアートを編集する	66
図形を編集する	68

Lesson6 図やグラフで情報を伝える文書の作成 — 77

SmartArtを作成する	78
SmartArtを編集する	79
グラフを作成する	82
グラフを編集する	84
テキストボックスを作成する	86
テキストボックスを編集する	87

Lesson7	**既存のデータを利用した文書の作成**	**90**

既存の文書を組み合わせる—————————————91
テーマで文書のイメージを変える—————————93
Excelのデータを貼り付ける———————————95
画像をトリミングする——————————————97
画像に効果を設定する——————————————98

Lesson8	**読みやすいレイアウトの長文の作成**	**103**

スタイルを使って書式を統一する—————————104
書式をまとめて変更する—————————————108
段組みで文章を読みやすくする—————————109
ドロップキャップで段落を目立たせる———————110
ページ全体を罫線で囲む—————————————111

Lesson9	**効率のよい長文の作成**	**114**

アウトライン機能を使って文書を作成する—————115
文書の構造を確認して変更する—————————119
文字列を検索／置換する—————————————120
文書内を効率よく移動する———————————122
離れた場所を見ながら編集する—————————124

Lesson10	**長文の編集と加工**	**127**

表紙を作成する————————————————128
目次を作成する————————————————129
脚注を付ける—————————————————130
文書をセクションで区切る———————————131
ヘッダーやフッターを設定する—————————133
ページ番号を設定する—————————————136

Lesson11	**共同作業と文書の保護**	**139**

文書にコメントを付ける—————————————140
変更履歴を記録する——————————————142
変更履歴を反映する——————————————143
2つの文書を比較する——————————————145
文書を編集できないように保護する———————148
文書を開けないように保護する—————————150

Lesson12	**複数の宛先に送付する文書の作成**	**152**

差し込み印刷とは———————————————153
メイン文書を指定する—————————————154
データファイルを指定する———————————155
差し込みフィールドを挿入して印刷する—————156
宛名ラベルを作成する—————————————160

総合問題————————————————————165
索引——————————————————————173

(7)

Lesson 1 文書の作成と管理

Wordは文書を作成するためのアプリ（アプリケーション）です。ここでは、文字の入力、文字の書式の設定、文書の保存と印刷など、Wordで文書を作成し、管理するための最も基本となる手順や操作を学習します。

キーワード

- □□ページ設定
- □□名前を付けて保存
- □□上書き保存
- □□文書を開く
- □□フォント、サイズ、色
- □□太字
- □□下線
- □□印刷
- □□印刷プレビュー

このレッスンのポイント

> 文書の作成を始める前に

> 新規文書を作成する

> 文字を入力する

> 文書を保存する

> 文字を強調する

> 文書を印刷する

完成例（ファイル名：桜高校同窓会のお知らせ.docx）

同窓会のお知らせ↵

↵

若葉の鮮やかな季節となりました。皆様にはお変わりなく、それぞれの分野でご活躍のことと存じます。↵
はやいもので、私たちが桜高校を卒業して 5 年がたちました。↵
このたび、下記のとおり 3 年 2 組の同窓会を開催することになりました。当日は、担任の山本先生もご出席くださいます。ご多忙中とは存じますが、多数の参加を心よりお待ちしております。↵

↵

　　　　　　　　　　　　　　　　記↵
【日時】6 月 25 日（土）□午後 6 時～8 時↵
【会場】グリーンウッドホテル□3 階「茗の間」↵
　→　〒100-0001□東京都千代田区千代田 0-0-1↵
　→　☎03-0000-0000↵
【会費】7,000 円（当日受付にて）↵
　　　　　　　　　　　　　　　　　　　　　　　　　以上↵

↵

準備の都合上、同封のハガキかメールにて **6月 4 日（土）** までに出欠をお知らせください。↵

↵

幹事：中村昇太（snakamura@example.jp）、佐藤奈緒（nsatou@example.jp）↵

1

文書の作成を始める前に

文書の主な役割は、「情報を伝える」ことと「記録を残す」ことです。そのため、文書を作成するときは、次のような点がポイントとなります。

- **内容が正確であること**
  誤字や脱字、記載している情報の誤りがないようにします。
- **内容が理解しやすいこと**
  重要な部分がわかりやすいよう書式やレイアウトを工夫し、過度な装飾は避けます。
  文体（常体・敬体）や書式を揃えて、文書全体に統一感を持たせます。
  文字だけでなく、表やグラフ、図などを使用してわかりやすく情報を伝えます。
- **TPOに適した文書であること**
  文書の目的に合わせて、言葉や文体、設定する書式などを使い分けます。
  ビジネス文書など定型的なルールがあるものは、ルールに沿って作成します。

Wordで文書を作成するときの基本的な流れは次のようになります。

TPOとは
Time（時間）、Place（場所）、Occasion（場合）の頭文字をとった略語で、状況に合わせた適切な行動や服装、言葉遣いをするという考え方のことです。

ページ設定	作成する文書の用紙のサイズや余白、印刷する向きなど、ページのレイアウトを設定します。
▼	
文字の入力	文字を入力します。
▼	
文書の保存	文書に名前を付けて保存します。
▼	
文書の編集	文字のサイズや書体、色、配置などの設定を行い、文書の体裁を整えます。必要に応じて表やグラフを作成したり、図を追加したりします。
▼	
上書き保存	文書を上書き保存します。
▼	
文書の配布、保管	印刷する、メールに添付して送信するなど、文書を必要な形式で配布または保管します。

新規文書を作成する

Wordを起動すると、スタート画面が表示され、［白紙の文書］をクリックすると新規文書が作成できる状態になります。文字の入力を始める前に、必要に応じて既定の段落やフォントを設定し、作成する文書の用紙サイズ、余白、印刷や文字の方向、1行に入力できる文字数、1ページに入力できる行数といったページのレイアウトの設定をします。

［ファイル］タブからの新規文書の作成
文書ウィンドウが表示されている状態で新規文書を作成する場合は、［ファイル］タブをクリックし、［新規］をクリックして［白紙の文書］を選択します。

● Wordの起動
1. Wordを起動します。
2. ［白紙の文書］をクリックすると、新規文書が表示されます。

●段落の設定

段落の行間や配置などは、[段落]ダイアログボックスで設定します。ここでは、この文書の既定の段落を次のように設定します。

　　配置：「両端揃え」　　　段落後：「0pt」　　　行間：「1行」

1. [ホーム]タブの[段落]グループ右下の ![] [段落の設定]ボタンをクリックします。

段落の設定

環境によっては最初から配置「両端揃え」、段落後「0pt」、行間「1行」に設定されている場合があります。

2. [段落]ダイアログボックスの[インデントと行間]タブの[全般]の[配置]ボックスの▼をクリックし、一覧から[両端揃え]をクリックします。
3. [間隔]の[段落後]ボックスを「0pt」に設定します。
4. [行間]ボックスの▼をクリックし、一覧から[1行]をクリックします。
5. [既定に設定]をクリックします。
6. [Microsoft Word]ダイアログボックスが表示されるので、[段落に使用される配置、インデント、および間隔を既定として設定する対象]の[この文書だけ]が選択されていることを確認し、[OK]をクリックします。

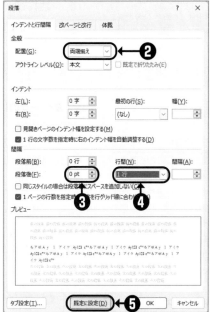

既定に設定

利用しているパソコンの環境を変更し、新しい文書を作成したときに常に変更後の設定で操作したい場合は、手順**6**で[Normalテンプレートを使用したすべての文書]をクリックして[OK]をクリックします。

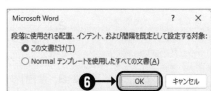

ポイント(pt)

文字のサイズや線の太さを表す単位です。1ポイントは、0.35mmです。

●フォントの設定

入力する文字の種類やサイズなどは、[フォント]ダイアログボックスで設定します。ここでは、この文書の既定のフォントサイズを「10.5」ポイントに設定します。

1. [ホーム]タブの[フォント]グループ右下の ![] [フォント]ボタンをクリックします。

フォントの設定
環境によっては最初からフォントサイズ「10.5」ポイントに設定されている場合があります。

既定に設定
利用しているパソコンの環境を変更し、新しい文書を作成したときに常に変更後の設定で操作したい場合は、手順 **4** で[Normal テンプレートを使用したすべての文書]をクリックして[OK]をクリックします。

行数の設定
Word 2024 の標準フォント（書体）の「游明朝」では、行数を増やすと行間隔が広がってしまう場合があります。ここでは自動設定される行数のまま変更しないようにします。

用紙サイズの表示
設定されているプリンターによって、[用紙サイズ]ボックスの▼をクリックしたときに一覧に表示される用紙サイズの種類と名称が異なります。[B5]は[B5 182×257mm]、[JIS B5]、[B5 (JIS) (182 × 257mm)]などと表示される場合があります。

ページ設定のタイミング
ページ設定は文書の作成中や作成後など、いつでも行えますが、後から設定を変更すると、文字や図の位置など、文書のレイアウトが変わってしまうことがあります。作成前に文書の内容や量を考慮して大まかに設定しておき、後で微調整すると効率的です。

2. [フォント]ダイアログボックスの[フォント]タブの[サイズ]ボックスの一覧から[10.5]をクリックします。
3. [既定に設定]をクリックします。
4. [Microsoft Word]ダイアログボックスが表示されるので、[既定のフォントを+本文のフォント-日本語(游明朝),+本文のフォント(游明朝),10.5ptに設定する対象]の[この文書だけ]が選択されていることを確認し、[OK]をクリックします。

●ページのレイアウトの設定
ページのレイアウトは、[ページ設定]ダイアログボックスで設定します。ここでは、次のように設定します。

用紙サイズ：「B5」　　余白：上下左右「25mm」　　印刷の向き：「縦」
文字方向：「横書き」　　文字数：「32」　　　　　　行数：自動設定

1. [レイアウト]タブの[ページ設定]グループ右下の 🔽 [ページ設定]ボタンをクリックします。

2. [ページ設定]ダイアログボックスの[用紙]タブをクリックし、[用紙サイズ]ボックスの▼をクリックして、一覧から[B5]をクリックします。
3. [余白]タブをクリックし、[印刷の向き]が[縦]になっていることを確認します。
4. [余白]の[上][下][左][右]の各ボックスをそれぞれ「25mm」に設定します。
5. [文字数と行数]タブをクリックし、[方向]が[横書き]になっていることを確認します。
6. [文字数と行数を指定する]をクリックし、[文字数]ボックスを「32」に設定し、[行数]ボックスは自動設定のまま変更しないで、[OK]をクリックします。
7. ページのレイアウトが設定されます。

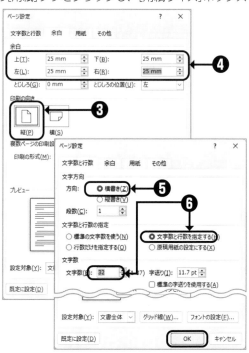

文字を入力する

文書を作成するときは、文字を入力してから、文字のサイズや配置などを変更します。なお、日本語を入力するには、「Microsoft IME」という日本語入力システムを使用します。このシステムの設定はデスクトップのタスクバーのMicrosoft IMEのアイコンから行います。

●入力の準備

入力を始める前に、スペースを入力した箇所やカーソルが何行目にあるかがわかりやすいように、次のように画面の設定を変更しておきます。

・編集記号を表示する

[ホーム]タブの ↵ [編集記号の表示/非表示]ボタンをクリックしてオンにします。

・行番号を表示する

ステータスバーの上で右クリックし、ショートカットメニューの[行番号]をクリックしてチェックが付いた状態にします。

●入力

「◆入力時のポイント」を参照しながら、次のように文字を入力しましょう。

同窓会のお知らせ↵

若葉の鮮やかな季節となりました。皆様にはお変わりなく、それぞれの
分野でご活躍のことと存じます。↵
はやいもので、私たちが桜高校を卒業して 5 年がたちました。↵
このたび、下記のとおり 3 年 2 組の同窓会を開催することになりました。
当日は、担任の山本先生もご出席くださいます。ご多忙中とは存じます
が、多数の参加を心よりお待ちしております。↵
↵
　　　　　　　　　　　　　　　　記↵
【日時】6 月 25 日（土）□午後 6 時～8 時↵
【会場】グリーンウッドホテル□3 階「茗の間」↵
　　→　〒100-0001□東京都千代田区千代田 0-0-1↵
　　→　☎03-0000-0000↵
【会費】7,000 円（当日受付にて）↵
　　　　　　　　　　　　　　　　　　　　　　　　　　　　以上↵
↵
準備の都合上、同封のハガキかメールにて 6 月 4 日（土）までに出欠を
お知らせください。↵
↵
幹事：中村昇太（snakamura@example.jp）、佐藤奈緒（nsatou@example.jp）

◆入力時のポイント

・ ↵ （段落記号）の位置では、**Enter** キーを押して改行します。
・ □（空白記号）の位置では、スペースキーを押して空白を入力します。
・ →（タブ記号）の位置では、**Tab** キーを押して行頭を下げます。
・数字は半角で入力します。
・「記」と入力して **Enter** キーを押すと、入力オートフォーマット機能によって自動的に「記」が行の中央に配置され、2 行下の行の右端に「以上」と入力されます。
・【】、～、〒は、「かっこ」、「から」、「ゆうびん」と読みを入力して変換します。
・☎は、[挿入]タブの Ω記号と特殊文字 [記号と特殊文字]（記号の挿入）ボタンを使って入力します（「●記号の入力」参照）。
・読みのわからない漢字は手書き入力します（「●手書き入力」参照）。

同音異義語

同音異義語がある漢字で、変換候補の横に辞書アイコン □ が表示されているものは、その候補に選択対象を示す水色表示を合わせると、語句の意味や用例が表示されます。

メールアドレスの入力

メールアドレスを入力して **Enter** キーを押すと、ハイパーリンクが設定され、文字の色が変わり下線が引かれます。ここを **Ctrl** キーを押しながらクリックするとメールアプリが起動し、メールアドレスが宛先に表示された状態の新規メール作成画面が表示されます。ハイパーリンクを削除するには、ハイパーリンクが設定されている箇所を右クリックし、ショートカットメニューの[ハイパーリンクの削除]をクリックします。

記号のフォント

記号によっては、読みを入力して変換した場合と[Ω 記号と特殊文字 ▾][記号と特殊文字]ボタンから入力した場合で違う種類のフォントになり、サイズや形状が異なる場合があります。

●記号の入力

【】、〜、〒など一般的な記号は、読みを入力して変換できます（下図）。また、「きごう」と入力して変換すると、多くの変換候補から記号を選択できます。

読みから変換できる記号の例

読み	記号	読み	記号
かっこ	【】『』〈〉()など	やじるし	↑↓←→⇒⇔
まる	●○◎①など	おなじ	々〃ゝゞヽヾ
さんかく	▲▼△▽∴	すうがく	∞±×÷≠≧≦など
しかく	■□◆◇	たんい	℃ cm km m㎡㌔㌍ ¢ £ など
ほし	★☆※＊	おんぷ	♪

☎のように読みから入力できない記号は、［挿入］タブの[Ω 記号と特殊文字 ▾]［記号と特殊文字］（記号の挿入）ボタンをクリックし、表示された一覧からクリックして入力します。［その他の記号］をクリックすると、［記号と特殊文字］ダイアログボックスが表示され、一覧にない記号を選択できます。

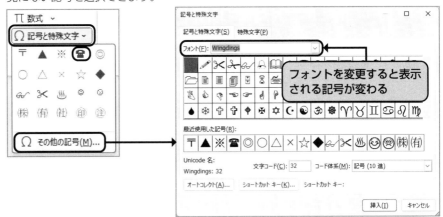

●住所の入力

郵便番号を「－」（ハイフン）で区切って入力し変換すると、変換候補の一覧に該当する住所が表示され選択できます。

住所変換がされない場合は、タスクバーのMicrosoft IMEのアイコン[あ]を右クリックし、ショートカットメニューの［設定］をクリックします。表示される［時刻と言語＞言語と地域＞Microsoft IME］画面（Windows 10では［Microsoft IME］画面）の［学習と辞書］をクリックすると、［時刻と言語＞言語と地域＞Microsoft IME＞学習と辞書］画面（Windows 10では［学習と辞書］画面）が表示されるので［システム辞書］の［郵便番号辞書］がオンになっていることを確認してください。

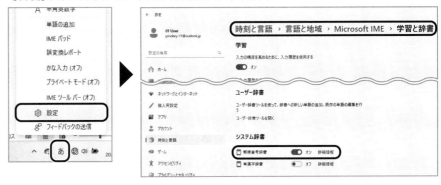

●手書き入力

読みのわからない漢字があるときは、IMEパッドの手書き入力機能を使って入力できます。ここでは、「茎」という文字を例に説明します。

1. 文字を入力する位置にカーソルを移動し、タスクバーのMicrosoft IMEのアイコン あ を右クリックし、ショートカットメニューの[IMEパッド]をクリックします。
2. [IMEパッド]ダイアログボックスの [手書き]ボタンをクリックし、[ここにマウスで文字を描いてください]と表示されているエリアに、入力したい文字をマウスでドラッグしながら描きます。
3. 右側に表示された候補の中から、該当する漢字をクリックします。

漢字の読みの確認

[IMEパッド-手書き]ダイアログボックスの右側の一覧の漢字にマウスポインターを合わせると漢字の読みがポップアップで表示されます。

総画数、部首から漢字を探す

[IMEパッド]ダイアログボックスの 画 [総画数]ボタンや 部 [部首]ボタンをクリックすると、読みのわからない漢字を総画数や部首から探して入力できます。

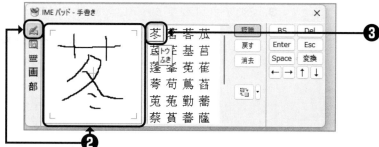

4. 文書中に文字が入力されます。
5. ✕ 閉じるボタンをクリックして、[IMEパッド-手書き]ダイアログボックスを閉じます。

活用

IMEには、単語登録の機能があり、会社名やメールアドレスなどよく入力する長い単語は、登録しておくと短い読みを入力するだけで簡単に入力できます。登録は以下の手順で行います。

1. タスクバーのMicrosoft IMEのアイコン あ を右クリックし、ショートカットメニューの[単語の追加]（Windows 10では[単語の登録]）をクリックします。
2. [単語の登録]ダイアログボックスの[単語]ボックスに登録したい単語を入力します。
3. [よみ]ボックスに登録したい読みを入力します。
4. [品詞]の一覧で登録する単語の分類を指定します。たとえばメールアドレスを「めあど」と短縮して登録する場合は、[短縮よみ]を選択します。
5. [登録]をクリックし、[閉じる]をクリックします。

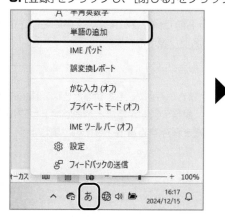 

登録後、読みを入力して変換すると、単語が入力できます。

7

文書を保存する

作成した文書には、わかりやすい「名前を付けて保存」します。Windows 11にMicrosoftアカウントでサインインしている場合は、作成した文書はOneDriveに保存されます。OneDriveはマイクロソフトが提供する無料で使えるWeb上のデータ管理サービスです。本書ではOneDriveではなく、使用しているコンピューター内のフォルダーを用意し、その中に保存します。

●文書の保存
ここでは、練習として「桜高校同窓会のお知らせ」という名前で文書を保存します。

1. [ファイル]タブをクリックし、[名前を付けて保存]をクリックします。
2. [名前を付けて保存]画面の[参照]をクリックします。
3. [名前を付けて保存]ダイアログボックスが表示されたら、保存するフォルダーを指定し、[ファイル名]ボックスに「桜高校同窓会のお知らせ」と入力し、[保存]をクリックします。

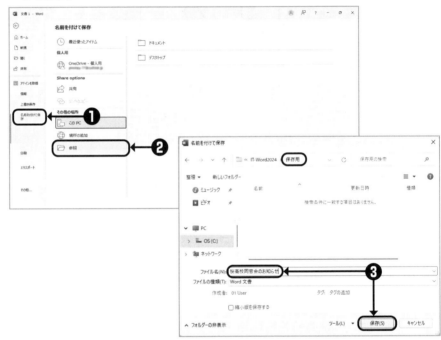

ファイルの種類
[ファイルの種類]ボックスに表示されている[Word文書]は、Word 2007以降の共通のファイル形式です。

フォルダーの作成
フォルダーを新しく作成する場合は、[ファイルの場所]ボックスにフォルダーを作成する場所が表示されている状態で、[新しいフォルダー][新しいフォルダー]ボタンをクリックします。

4. 文書が「桜高校同窓会のお知らせ」という名前で保存されます。文書に名前を付けて保存すると、タイトルバーにその文書の名前が表示されます。

●上書き保存
一度保存した文書に編集を加えたあと、「上書き保存」して更新するときは、画面左上の[🖫][上書き保存]ボタンをクリックします。操作ミスや停電など予期せぬトラブルで文書が失われることもあるので、こまめに上書き保存する習慣を身に付けましょう。

●文書を閉じる
Wordを起動したまま、開いている文書だけを閉じる場合は、[ファイル]タブをクリックし、[閉じる]をクリックします。
Wordを終了する場合は、画面右上の ｘ 閉じるボタンをクリックします。

●文書を開く
保存した「文書を開く」ときは、次のように操作します。

1. [ファイル]タブをクリックし、[開く]をクリックします。
2. [開く]画面の[参照]をクリックします。
3. [ファイルを開く]ダイアログボックスが表示されたら、文書が保存されているフォルダーを指定し、一覧から開きたい文書をクリックして、[開く]をクリックします。

最近使った文書
[開く]画面の[最近使ったアイテム]には、最近使用した文書の一覧が表示されます。目的の文書がここにある場合はクリックするとすぐに開きます。

活用

Wordで作成した文書を開くには基本的にWordが必要ですが、スマートフォンなどでは多くの場合Wordがインストールされていません。このような場合、文書をPDF形式で保存するとよいでしょう。PDF形式のファイルを開く機能を持つアプリは現在ほとんどのコンピューターやスマートフォンが備えています。PDF形式で保存するには次のように操作します。
1. [ファイル]タブをクリックし、[名前を付けて保存]をクリックします。
2. [名前を付けて保存]画面の[参照]をクリックします。
3. [名前を付けて保存]ダイアログボックスが表示されたら、保存するフォルダーを指定し、ファイル名を指定します。
4. [ファイルの種類]ボックスをクリックし、[PDF]をクリックして[保存]をクリックします。

文字を強調する

タイトルや見出し、キーワードなど目立たせたい文字は、文字のサイズやフォント、色を変える、太字にする、下線を引くなどの書式を設定して強調します。

●操作対象の選択
Wordで書式の設定などの操作を行うときは、まず操作の対象を選択します。

・「文字単位」で選択
マウスポインターの形がIの状態で選択する範囲をドラッグします。

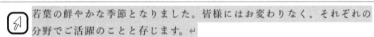

・「行単位」で選択
選択する行の左側の余白をマウスポインターの形が♪の状態でクリックします。複数行を選択するときは、左側の余白を選択したい位置までドラッグします。

・「段落単位」で選択
「段落」とは、前の↵（段落記号）の次の文字から↵までの一区切りをいいます。段落単位で選択するときは、段落の左側の余白をマウスポインターの形が♪の状態でダブルクリックするか、選択したい段落内にカーソルを移動してマウスポインターの形がIの状態で3回続けてクリックします。

・「複数の範囲」を同時に選択
1つ目の範囲を選択したあと、**Ctrl**キーを押しながら2つ目以降の範囲を選択します。

選択の解除
選択している範囲以外の場所をクリックします。

リアルタイムプレビュー

一覧のサイズにマウスポインターを合わせると、選択している文字が一時的にそのサイズで表示され、設定後のイメージを確認できます。このリアルタイムのプレビュー機能は、フォントサイズの設定以外にもさまざまな場面で有効になります。

ミニツールバー

文字列を選択すると、書式を設定するためのミニツールバーが表示されます。これを使用してもリボンと同様の設定ができます。

フォントの色の解除

解除したい範囲を選択し、もう一度[フォントの色]ボタンの▼をクリックして、一覧から[自動]をクリックします。

太字、下線の解除

解除したい範囲を選択し、もう一度ボタンをクリックしてオフにします。

書式のクリア

設定した書式をまとめて解除するときは、解除したい範囲を選択し、[ホーム]タブの [すべての書式をクリア]ボタンをクリックします。

元に戻す

操作を間違ったときは、クイックアクセスツールバーの [元に戻す]ボタンをクリックします。クリックするごとに、直前に行った操作を1操作ずつ取り消すことができます。

●文字の強調

ここでは、1行目の「同窓会のお知らせ」の「フォントサイズ」を「14」ポイント、「フォント」を「MS Pゴシック」、「フォントの色」を「標準の色」の「濃い赤」に変更します。また、18行目の「6月4日（土）」を「太字」にした後、二重線の「下線」を設定します。

1. 1行目を選択します。
2. [ホーム]タブの [フォントサイズ]ボックスの▼をクリックし、一覧から[14]をクリックします。

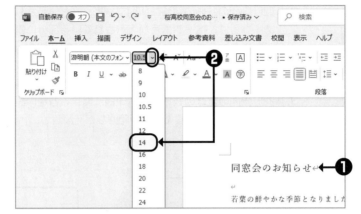

3. [ホーム]タブの [フォント]ボックスの▼をクリックし、一覧から[MS Pゴシック]をクリックします。
4. [ホーム]タブの [フォントの色]ボタンの▼をクリックし、[標準の色]の一覧から[濃い赤]をクリックします。

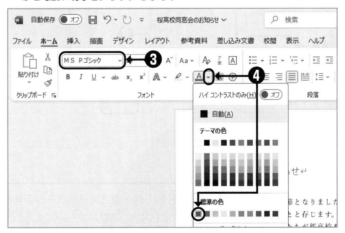

5. 18行目の「6月4日（土）」の文字列を選択します。
6. [ホーム]タブの [太字]ボタンをクリックします。
7. [ホーム]タブの [下線]ボタンの▼をクリックし、一覧から[二重下線]をクリックします。
8. 画面左上の [上書き保存]ボタンをクリックして、文書を上書き保存します。

活用

[ホーム]タブの[フォント]グループには、囲み線、斜体、蛍光ペンの色、文字の網かけなど、他にも文字を強調する機能がいろいろ用意されています。また、文字に影や反射、光彩などを設定できる「文字の効果と体裁」機能もあります。それぞれ設定して確認してみましょう。
また、[フォント]グループ右下の [フォント]ボタンをクリックして、[フォント]ダイアログボックスを表示すると、フォントやサイズをまとめて設定できるほか、傍点や二重取り消し線などリボンにない文字飾りも設定できます。

文書を印刷する

「印刷」のイメージを画面に表示する機能を「印刷プレビュー」といいます。Word 2024では、印刷の設定・実行画面に印刷プレビューが表示されます。印刷プレビューを確認してから印刷を実行することで、印刷ミスや用紙の無駄遣いを防ぐことができます。

1. [ファイル]タブをクリックし、[印刷]をクリックします。
2. [印刷]画面の右側の領域に印刷プレビューが表示されます。ページ数が2ページ以上ある場合は、ページ番号が表示されている部分に直接ページを入力するか、左右の三角ボタンをクリックして、他のページの印刷プレビューを表示できます。また、右下に表示されているズームスライダーをドラッグするか、＋[拡大]ボタン、－[縮小]ボタンをクリックして、印刷プレビューを拡大、縮小することができます。
3. [印刷]画面の左側の領域では、印刷に関する各種の設定を行い、印刷を実行することができます。印刷する部数や範囲などを設定し、[印刷]ボタンをクリックすると、印刷が実行されます。

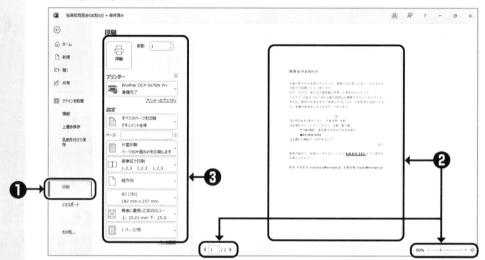

活用

印刷するページを指定したい場合は、[ページ]の右側のボックスに直接ページ番号を入力します。連続したページは「2-4」のように「-」（ハイフン）でつないで指定します。離れたページは「1,3,6」のように「,」（カンマ）で区切って指定します。

練習問題

1 文書を新規作成し、次のように既定の段落とフォントの設定をしましょう。
　配置：「両端揃え」　段落後：「0pt」　行間：「1行」
　フォントサイズ：「10.5」ポイント

2 次のようにページ設定をしましょう（指定のないものは既定の設定のままにします）。
　用紙サイズ：「B5」　余白：上下「30mm」、左右「25mm」
　文字数：「36」　行数：自動設定

3 次のように文字を入力しましょう

```
このたびは当社製品をご購入いただきありがとうございます。
以下の注意事項をよくお読みになり、末永くご愛用ください。

ご使用上のご注意
磁気式の留め金具にキャッシュカードや自動改札用の定期券などを近づけますと、
磁気の影響で使用できなくなることがありますので、お気をつけください。

お手入れについてのご注意
汚れやほこりは、柔らかい布でやさしくふきとってください。
水やお湯での丸洗い、シンナーやベンジンのご使用は避けてください。

保管についてのご注意
直射日光・高温多湿を避けて保管してください。

■製品に関するお問い合わせ■
株式会社杣口お客様ご相談センター
〒110-0002□東京都台東区上野桜木1-0-1
☎03-0000-0002（受付時間 9:00～18:00）
✉info@example.jp
```

記号の入力
「✉」は、[記号と特殊文字]ダイアログボックスで[フォント]を[Wingdings]にすると一覧に表示され、入力できます。

4 1～2、4、8、12、15～19行目のフォントサイズを「12」ポイント、フォントを「HG丸ゴシックM-PRO」にしましょう。

5 4、8、12行目のフォントの色を「テーマの色」の「オレンジ、アクセント2」、太字にし、囲み線、文字の網掛けを設定しましょう。

6 9行目の「やわらかい布で」に傍点（・）を付けましょう。

7 10行目に波線の下線を設定しましょう。

8 15行目を太字にしましょう。

9 文書を「W-L01-01」という名前で保存しましょう。

13

■1 文書を新規作成し、次のように既定の段落とフォントの設定をしましょう。
配置:「両端揃え」 段落後:「0pt」 行間:「1行」
フォントサイズ:「10.5」ポイント

■2 次のように文字を入力しましょう。2行目と4行目の□部分はスペースを入力します。

```
Cooking Workshop
□□□□□□□□□□□□□□□□□□□□□□□□□□□□□□□□□□□□□□□□□□□□
旬の食材でエコ・クッキング!!
□□□□□□□□□□□□□□□□□□□□□□□□□□□□□□□□□□□□□□□□□□□□

食材を無駄なく使う、電気やガスを大切にする、水を汚さない、
地球にやさしく、経済的なエコ・クッキングを始めてみませんか?

日時:4月14日(木) 10:30~12:30
会場:教育学部1号館3F□調理実習室
講師:鞍田□由美子先生(教育学部)
定員:30名(事前申し込み・先着順)
参加費:1,000円
メニュー:春野菜のスープ
サーモンのソテー
フランスパン
豆腐ティラミス

【お申し込み・お問い合わせ先】
料理サークル"リヨン"□代表□望月□麻衣香
ryouri-lyon@abc.example.jp
```

■3 1行目のフォントサイズを「24」ポイント、フォントを「Arial Black」、フォントの色を「テーマの色」の「濃い青、テキスト2」にしましょう。

■4 3行目のフォントサイズを「28」ポイント、フォントを「HGP創英角ゴシックUB」、フォントの色を「テーマの色」の「オレンジ、アクセント2、黒+基本色25%」にしましょう。

■5 2行目と4行目のスペースに文字の網かけを設定しましょう。

■6 6~7行目のフォントサイズを「14」ポイント、フォントを「MS Pゴシック」にしましょう。

■7 9~21行目のフォントサイズを「14」ポイントにしましょう。

■8 12行目の「事前申し込み・先着順」に二重下線を設定しましょう。

■9 9、11、13行目の行頭にフォント「Wingdings」の記号「✿」を、10、12、14行目の行頭に「❀」を挿入しましょう。

■10 15~17行目の行頭に空白のスペースを6文字分挿入しましょう。

■11 14~17行目の「春野菜のスープ」から「豆腐ティラミス」までのフォントの色を「テーマの色」の「プラム、アクセント5、黒+基本色25%」、太字、斜体にしましょう。

■12 15行目の「サーモンのソテー」の下に1行追加し、「豆と牛肉のグラタン」と入力しましょう。

■13 上下の余白を「15mm」にしましょう。文書が1ページに収まらない場合は、上下の余白をさらに小さくします。

■14 印刷プレビューを確認しましょう。

■15 文書を「W-L01-02PDF」という名前で、PDF形式で保存しましょう。

■16 文書を「W-L01-02」という名前で、Word文書形式で保存しましょう。

Lesson 2　一般的なビジネス文書の作成

ビジネスで使用する文書には、書き方に一定のルールがあります。ここでは基本的なルールを確認し、さらにルールに沿った読みやすい文書を作成するために必要な書式の設定方法を学習します。

キーワード

- □□社外文書
- □□社内文書
- □□右揃え
- □□中央揃え
- □□インデント
- □□均等割り付け
- □□タブ
- □□ルビ

このレッスンのポイント

- ビジネス文書の基本ルール
- 文字列の配置を変更する
- インデントで行頭位置を揃える
- 文字を均等に割り付ける
- タブで文字の位置を揃える
- 人名や地名にルビをふる

完成例（ファイル名：本社移転のお知らせ.docx）

```
                                          20XX 年 2 月 25 日

お取引先各位

                                        株式会社エヌエイシステム

                                        代表取締役□大村孝雄


                          本社移転のお知らせ


拝啓□向春の候、貴社いよいよご清栄のこととお慶び申し上げます。平素は格別のご高配を
賜り、厚く御礼申し上げます。
□さて、このたび当社では、業務拡張に伴いまして、下記のとおり本社を移転することとな
りました。
□これを機に、社員一同ますます業務に励み、お取引先の皆様にご満足いただける商品、サ
ービスの提供に努めていく所存でございますので、どうぞ今後とも一層のお引き立てを賜り
ますよう、よろしくお願い申し上げます。
□まずは略儀ながら書中をもってお知らせかたがたごあいさつ申し上げます。

                                                  敬具


                          記

新 住 所  →  〒110-0012□東京都台東区竜泉 0-0□東雲ビル 7 階
電 話 番 号  →  03-0000-1111（代表）
Ｆ  Ａ  Ｘ  →  03-0000-1112（代表）
業務開始日  →  20XX 年 4 月 4 日（月）より

                                                  以上
```

15

ビジネス文書の基本ルール

ビジネス文書には、「社外文書」と「社内文書」があります。文書の目的によって言葉遣いや構成要素は多少異なりますが、ここでは、一般的なビジネス文書を作成するための基本ルールを確認します。

・社外文書

顧客や取引先などに向けて発信する文書です。あいさつ状、礼状、祝賀状といった社交的・儀礼的な文書と、案内状、通知状、依頼状、納品書、照会状といった業務取引に関する文書があります。相手に失礼のないよう、言葉遣い、文字の配置などの形式に注意して作成します。

社外文書の例「新製品発表会のお知らせ」

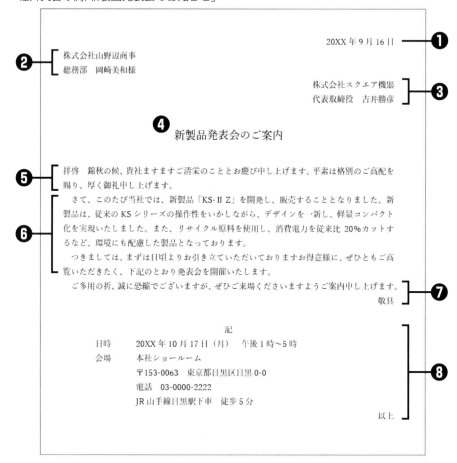

・**社内文書**

社内の連絡や記録のために作成する文書です。報告書、稟議書、申請書、始末書、企画書、社内通知書などがあります。用件や結論を先に書き、儀礼的な表現はなるべく省略して、簡潔にまとめます。

社内文書の例「定期健康診断の実施について」

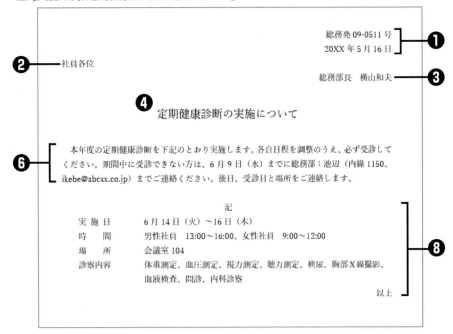

❶**文書番号、発信日**

文書番号は文書の照会や整理などに利用する目的で付けます。番号の付け方は会社や所属部署によって異なり、省略する場合もあります。発信日は文書を発信する日付を西暦または和暦で記入します。文書番号、発信日は行の右側に配置します。

❷**宛先**

社外文書では、受信先の会社名、部署名、役職名、氏名、敬称を記入します。
社内文書では、受信先の部署名、役職名、氏名、敬称を記入します。
敬称の付け方は、宛先によって変わります。組織や部署の場合は「御中」、個人の場合は「様」「殿」「先生」、社員全員など複数の人の場合は「各位」を付けます。宛先は行の左側から記入します。

❸**発信者**

社外文書では、発信者の会社名、部署名、役職名、氏名を記入します。連絡先として会社の住所、電話番号、担当者のメールアドレスなどを入れる場合もあります。
社内文書では、発信者の部署名、役職名、氏名を記入します。連絡先として担当者の内線番号やメールアドレスなどを入れる場合もあります。
発信者は行の右側に配置します。

❹**件名（タイトル）**

文書の内容がひと目でわかる件名（タイトル）を付けます。文字のサイズを大きくするなどして強調する場合もあります。件名は行の中央に配置します。

17

❺前文

本題の前に儀礼的に付ける文章です。頭語→時候のあいさつ→安否のあいさつ→感謝のあいさつの順に記入します。社内文書では省略します。

・頭語

頭語と結語は対になっています。ビジネス文書で使用頻度が多いのは、右の組み合わせです。頭語の後に1文字分の空白を入れて、時候のあいさつまたは安否のあいさつを続けます。結語は末文の後に記入します。

文書の種類	頭語	結語
一般的な文書	拝啓	敬具
丁寧な文書	謹啓	謹白
前文を省略する文書	前略	草々
返事の文書	拝復	敬具

・時候のあいさつ

「新春の候」「向暑の候」「秋冷の心地よい季節」など、季節のあいさつを記入します。省略する場合もあります。

・安否のあいさつ

「時下ますますご清栄のこととお慶び申し上げます。」「貴店ますますご発展のこととお慶び申し上げます。」など、受信先の発展や健康を祝うあいさつを記入します。

・感謝のあいさつ

「平素は格別のご高配を賜り、厚く御礼申し上げます。」など、日頃の付き合いを感謝するあいさつを記入します。

❻主文（本文）

本題となる用件を記入します。前文が入っている場合は、「さて」「ところで」などの起こし言葉から始めます。

❼末文

締めくくりとなる文章です。社内文書では原則として省略します。

社外文書では文書の内容に合わせて、用件を念押しする文章（例「まずは略儀ながら書面をもってごあいさつ申し上げます。」）や、返事を求める文章（例「同封の書類にご記入のうえ、ご返信くださいますようお願い申し上げます。」）、今後の付き合いを願う文章（例「今後とも一層のご愛顧を賜りますよう、よろしくお願い申し上げます。」）などを記入します。

最後に頭語に対応する結語を、行の右側に記入します。

❽別記

「記」で始め、次の行以下に箇条書きで用件の詳細を記入します。最後は「以上」で結びます。「記」は行の中央、「以上」は行の右側に配置します。

同封書類や添付資料がある場合も、ここに記入します。発信者と担当者が異なる場合の問い合わせ先や返信期限などの補足事項があるときは、「以上」の下に追伸の文章として「なお、ご不明な点がございましたら、販売部：沢田（電話03-0000-0000）までご連絡くださいませ。」などと記入することもあります。

活用

[あいさつ文]ダイアログボックスは、時候や安否、感謝のあいさつを、用意されている文章から選択するだけで簡単に入力できる機能です。

[あいさつ文]ダイアログボックスを表示するには、あいさつを入力する位置にカーソルを移動し、[挿入]タブの[あいさつ文]ボタンをクリックし、一覧から[あいさつ文の挿入]をクリックします。1月、2月などの月、入力する時候のあいさつ、安否のあいさつ、感謝のあいさつをそれぞれ一覧から選択すると、季節や場面に応じたあいさつが入力されます。

文字列の配置を変更する

一般的なビジネス文書では、文書番号や発信日、発信者は行の右側に、件名は行の中央に配置します。[ホーム]タブの三[右揃え]ボタンや三[中央揃え]ボタンを使って「右揃え」、「中央揃え」（センタリング）すると、後から文字を追加、削除しても配置が崩れません。

●文書の準備

文書を新規作成し、次のように設定しましょう。

・既定の段落の配置「両端揃え」、段落後「0pt」、行間「1行」、フォントサイズ「10.5」ポイントに設定します。
・用紙サイズを「A4」、行数を「30」に設定します。
・下図のように文字を入力します。
・6行目の「本社移転のお知らせ」のフォントサイズを「14」ポイントに設定します。
・「本社移転のお知らせ」という名前で保存しておきます。

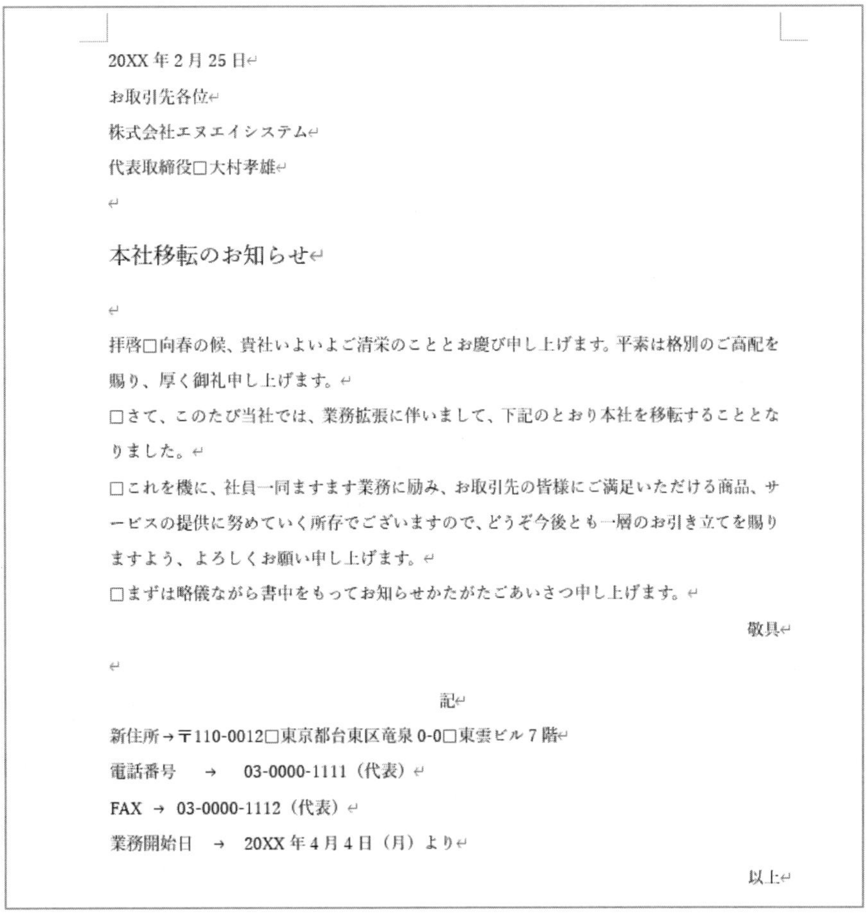

日付の入力
日付の「20XX年」の「XX」は実際の年を入力するか、半角の英大文字「X」を入力します。

文書の改行位置
プリンターの設定によっては改行位置が異なることがあります。

入力オートフォーマット機能
頭語の「拝啓」を入力してスペースキーを押すと、自動的に2行下の行の右端に対応する結語「敬具」、3行下の行頭に空白が入力されます。

発信者名の配置
発信者名に連絡先の住所や電話番号なども併記して右揃えにすると、行頭が不揃いになって見栄えがよくない場合があります。そのときは、インデントを設定して行頭位置を調整してもよいでしょう。

配置の変更の解除
解除したい範囲を選択し、もう一度三[右揃え]三[中央揃え]などのボタンをクリックしてオフにします。

```
20XX 年 2 月 25 日↵

お取引先各位↵

株式会社エヌエイシステム↵

代表取締役□大村孝雄↵

↵

本社移転のお知らせ↵

↵

拝啓□向春の候、貴社いよいよご清栄のこととお慶び申し上げます。平素は格別のご高配を
賜り、厚く御礼申し上げます。↵
□さて、このたび当社では、業務拡張に伴いまして、下記のとおり本社を移転することとな
りました。↵
□これを機に、社員一同ますます業務に励み、お取引先の皆様にご満足いただける商品、サ
ービスの提供に努めていく所存でございますので、どうぞ今後とも一層のお引き立てを賜り
ますよう、よろしくお願い申し上げます。↵
□まずは略儀ながら書中をもってお知らせかたがたごあいさつ申し上げます。↵
                                                              敬具↵

↵

                          記↵

新住所→〒110-0012□東京都台東区竜泉 0-0□東雲ビル 7 階↵

電話番号　→　　03-0000-1111（代表）↵

FAX → 03-0000-1112（代表）↵

業務開始日　→　20XX 年 4 月 4 日（月）より↵

                                                              以上↵
```

●文字列の配置の変更

1行目の発信日、3～4行目の発信者を右揃え、6行目の件名を行の中央揃えで配置します。

1. 1、3、4行目を選択し、[ホーム]タブの三[右揃え]ボタンをクリックします。
2. 文字列が右揃えで配置されます。
3. 6行目を選択し、[ホーム]タブの三[中央揃え]ボタンをクリックします。
4. 文字列が中央揃えで配置されます。

インデントで行頭位置を揃える

段落の行頭や行末を用紙の左右の余白から内側に下げた位置で揃えるときは、「インデント」の機能を使います。スペースやタブを入力して揃えた場合と違って、後から文字を追加、削除してもレイアウトが崩れません。設定する範囲が複数の段落にわたるときもまとめて設定できるので効率的です。

●インデントの種類
インデントには、次の4種類があります。

❶左インデント‥‥段落全体の左端の位置を設定します。
❷右インデント‥‥段落全体の右端の位置を設定します。
❸1行目のインデント（字下げインデント）‥‥段落の1行目の左端の位置を設定します。
❹ぶら下げインデント‥‥段落の2行目以降の左端の位置を設定します。

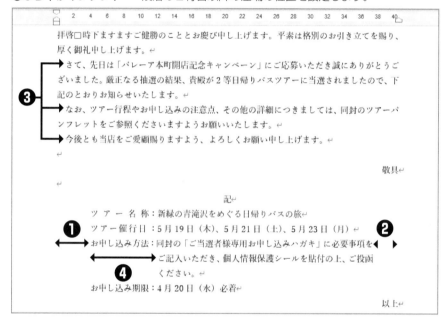

●インデントの設定方法
インデントを設定するには、次のような方法があります。

・水平ルーラー上にあるインデントマーカーをドラッグする
設定する種類のインデントのインデントマーカーを水平ルーラー上でドラッグすると、ドラッグした位置に行頭や行末が揃います。文書のレイアウトを確認しながら、おおよその位置で行頭や行末を揃えられます。
ルーラーは、[表示]タブの[ルーラー]チェックボックスをオンにすると表示されます。

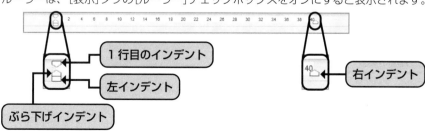

ルーラー
画面の上部と左側に表示される目盛りのことです。上部にあるものを水平ルーラー、左側にあるものを垂直ルーラーといいます。

- [ホーム]タブの [インデントを増やす]ボタン、[インデントを減らす]ボタンをクリックする

  ボタンをクリックするごとに、1文字分ずつインデントを設定したり、解除したりできます。設定できるのは左インデントのみです。

- [レイアウト]タブの [左インデント]ボックス、[右インデント]ボックスで設定する

  左右のインデントの幅を数値で指定できます。ボックスの右端にある▲や▼をクリックするか、数値を入力して**Enter**キーを押します。

- [段落]ダイアログボックスの[インデントと行間隔]タブで設定する

  インデントの幅を数値で正確に指定できます(「活用」参照)。

●インデントマーカーを使った左インデントの設定

ここでは、水平ルーラーのインデントマーカーを使って、箇条書き部分の行頭位置を約2字の位置に揃えます。

1. 19〜22行目を選択します。

2. 左インデントマーカーを、水平ルーラーの2字の位置までドラッグします。

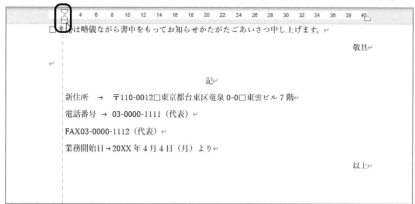

3. インデントマーカーをドラッグした位置に左インデントが設定されます。

インデントの位置の微調整

Altキーを押しながらインデントマーカーをドラッグすると、インデントの位置を微調整できます。また、水平ルーラーに字数が表示されるので、位置を確認しながら設定できます。

インデントの解除

インデントを設定した範囲を選択し、水平ルーラーのインデントマーカーを元の位置までドラッグします。

活用

[段落]ダイアログボックスの[インデントと行間隔]タブでは、インデントの幅を数値で正確に指定できます。次のように操作します。

1. インデントを設定する範囲を選択し、[ホーム]タブの[段落]グループ右下の [段落の設定]ボタンをクリックするか、水平マーカー上のインデントマーカーをダブルクリックします。

2. [段落]ダイアログボックスの[インデントと行間隔]タブで、次のように設定し、[OK]をクリックします。

- 左右のインデントを設定する場合は、[インデント]の[左][右]の各ボックスにインデントの幅を設定します。
- 1行目のインデント(字下げインデント)やぶら下げインデントを設定する場合は、[最初の行]ボックスの▼をクリックし、一覧から[字下げ]または[ぶら下げ]をクリックします。次に[幅]ボックスで字下げまたはぶら下げする幅を設定します。

文字を均等に割り付ける

箇条書きの項目の文字数が異なるときは、「均等割り付け」の機能を使って、文字数の一番多い項目に他の項目の横幅を合わせると、整った印象になります。ここでは、「業務開始日」の文字数「5」に合わせて均等割り付けします。

1. 19行目の「新住所」、20行目の「電話番号」、21行目の「FAX」の文字列を選択します。
2. [ホーム]タブの [均等割り付け]ボタンをクリックします。
3. [文字の均等割り付け]ダイアログボックスの[新しい文字列の幅]ボックスを「5字」に設定し、[OK]をクリックします。

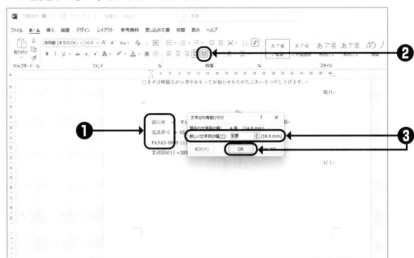

均等割り付けの解除
解除したい範囲を選択し、もう一度 [均等割り付け]ボタンをクリックします。[文字の均等割り付け]ダイアログボックスの[解除]をクリックします。

4. 文字が5字分の幅に均等に割り付けられます。

タブで文字の位置を揃える

箇条書きのように、1行にいくつかの項目を並べるときは、「タブ」を使って文字の位置を揃えると読みやすくなります。Wordの初期設定では、**Tab**キーを1回押すごとに4文字単位でカーソルが移動し、間に空白が入力されます。このカーソルが移動する位置(タブ位置)は、段落ごとに設定できます。タブ位置は1行に何か所でも設定できるので、表のように項目を整理して見せたいときなどにも便利です。

●タブの種類
よく利用するタブには、次の3種類があります。

タブの位置や種類
タブの位置や種類は、水平ルーラー上で確認することができます。

└ 左揃えタブ・・・タブ位置に文字列の左端を揃えます。

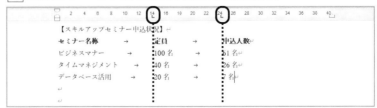

その他のタブ

次のようなタブもあります。

小数点揃えタブ
タブ位置に数値の小数点の位置を揃えます。

縦棒タブ(縦線タブ)
タブ位置に縦線が引かれます。文字の位置は揃えません。

中央揃えタブ‥‥タブ位置に文字列の中央を揃えます。

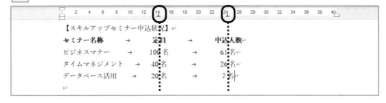

右揃えタブ‥‥タブ位置に文字列の右端を揃えます。

●タブの設定方法

タブを設定するには、次の2通りの方法があります。

・水平ルーラー上でタブ位置をクリックする

タブの種類は、水平ルーラーの左端のタブセレクタをクリックして切り替えます。タブの種類を選択後、水平ルーラー上で文字を揃えたい位置をクリックすると、タブ位置に設定されます。文書のレイアウトを確認しながら、おおよその位置で文字を揃えられます。

・[タブとリーダー]ダイアログボックスで設定する

タブ位置と種類を数値で正確に指定できます。既定値の変更やリーダーの設定も行えます(次ページ「活用」参照)。

●タブの設定

ここでは、水平ルーラーを使って、箇条書きの各項目内容の左端が約10字の位置で揃うように左揃えタブを設定します。

1. 19〜22行目を選択します。
2. 水平ルーラーのタブセレクタに 左揃えタブが表示されていることを確認します。
   表示されていない場合は、タブセレクタを何度かクリックして表示します。
3. 水平ルーラーの10字の位置をクリックします。

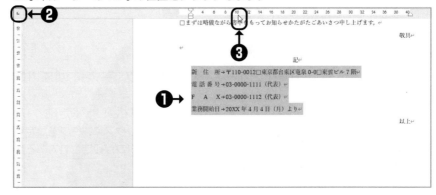

23

タブの入力

この例題では、タブをあらかじめ入力していますが、タブ位置を設定した後で**Tab**キーを押して入力しても、同じように文字の位置が揃います。

タブ位置の変更

タブを設定した範囲を選択し、水平ルーラーのタブマーカーを左右にドラッグします。

タブの解除

タブを設定した範囲を選択し、水平ルーラーのタブマーカーを文書内までドラッグします。

4. 水平ルーラーに左揃えタブのタブマーカーが表示され、タブマーカーの位置に文字の先頭が揃います。

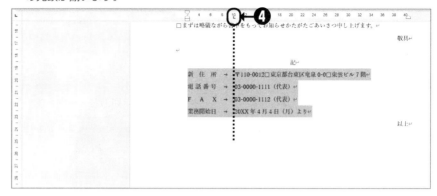

活用

[タブとリーダー]ダイアログボックスでは、タブ位置を数値で正確に指定できます。下右図のようにリーダー付きのタブを設定することもできます。リーダーとは、タブの左右の文字をつなぐ実線や点線のことです。次のように操作します。

リーダー付きのタブの例

1. タブを設定する範囲を選択し、[ホーム]タブの[段落]グループ右下の [段落の設定]ボタンをクリックします。
2. [段落]ダイアログボックスの[インデントと行間隔]タブで、[タブ設定]をクリックします。
3. [タブとリーダー]ダイアログボックスの[タブ位置]ボックスに、タブを設定したい位置を数値で入力します。[タブとリーダー]ダイアログボックスは、すでにタブが設定されている場合は、水平ルーラー上のタブマーカーをダブルクリックしても表示できます。
4. [配置]からタブの種類を選択します。
5. リーダー付きのタブを設定する場合は、[リーダー]からリーダーの種類を選択します。
6. [設定]をクリックします。
   ※複数のタブ位置を設定するときは、手順**3**〜**6**の操作を繰り返します。
7. [OK]をクリックします。

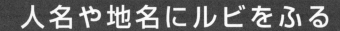

人名や地名にルビをふる

人名や地名、ビルの名称など、読み方のわかりづらい文字があるときは、「ルビ」（ふりがな）をふって相手が迷わないよう配慮します。ここでは、「東雲」に「しののめ」というルビを設定します。

1. 19行目の「東雲」の文字列を選択します。
2. [ホーム]タブの[ルビ]ボタンをクリックします。
3. [ルビ]ダイアログボックスの[対象文字列]ボックスに「東雲」、[ルビ]ボックスに「しののめ」と表示されていることを確認し、[OK]をクリックします。[ルビ]ボックスに別の文字が表示されている場合は、「しののめ」と入力し直します。

ルビの書式
[ルビ]ダイアログボックスで、ルビの配置やフォント、サイズを変更できます。

文字列とルビの間隔
[ルビ]ダイアログボックスの[オフセット]ボックスの数値を上げると、文字列とルビの間隔を広げることができます。

ルビの解除
解除したい範囲を選択し、もう一度[ルビ]ボタンをクリックします。[ルビ]ダイアログボックスの[ルビの解除]をクリックし、[OK]をクリックします。

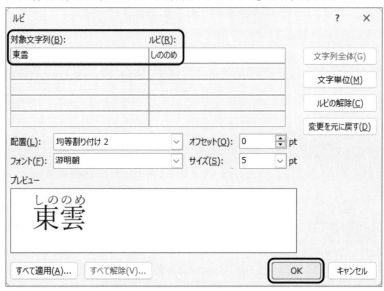

活用

タイトルバーの左端のクイックアクセスツールバーは、リボンの上にあるので、どのリボンのときも表示されていて常に使用できます。初期値では[自動保存 オフ][自動保存]、[上書き保存]、[元に戻す]、[繰り返し]または[やり直し]の4つのボタンがありますが、任意のコマンドのボタンを追加することができます。次のように操作します。

1. クイックアクセスツールバーの[クイックアクセスツールバーのユーザー設定]ボタンをクリックします。
2. 表示される一覧からボタンに追加するコマンドをクリックします。
3. 一覧にないコマンドのボタンを追加する場合は、[その他のコマンド]をクリックして、表示される[Wordのオプション]ダイアログボックスの[クイックアクセスツールバー]から選択します。

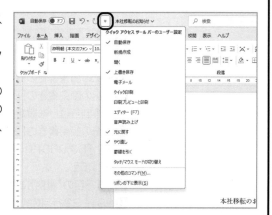

練習問題

1 文書を新規作成し、次のように既定の段落とフォントを設定しましょう。
　　配置:「両端揃え」　段落後:「0pt」　行間:「1行」
　　フォントサイズ:「10.5」ポイント

2 次のように文字を入力しましょう。

```
20XX年3月15日
青風大学□社会学部
吉田直人先生

株式会社オフィスキューブ
教育推進部□部長□鷹島由梨

ご講演のお願い

拝啓□早春の候、ますますご健勝のこととお慶び申し上げます。平素は格別のお引き立てを
いただき、厚く御礼申し上げます。
□さて、このたび弊社では、社員研修の一環として「対人関係とストレス」をテーマとした
講演会を開催することになりました。これからの時代、社内外での対人関係をどのように築
いていくべきか、また、対人関係で生じるストレスへの対処方法について学びたいと考えて
おります。
□つきましては、社会心理学の分野でご活躍の吉田先生に、ぜひご講演をお引き受けいただ
きたく、お願い申し上げる次第でございます。
□ご多忙中とは存じますが、ご高配賜りたく何卒よろしくお願い申し上げます。
                                                          敬具

                            記
日時　→　20XX年5月24日（火）□午後2時～3時
会場　→　弊社セミナールーム
　　　→　〒105-0013□東京都港区浜松町0-0□イーストビル4F
参加人数　→　160名
謝礼　→　50,000円
                                                          以上

ご不明な点がございましたら、教育推進部□鷹島までお問い合わせください。
■連絡先
電話：03-0000-1234
FAX：03-0000-1236
E-Mail：y-takasima@cube.example.jp
```

3 発信日、発信者を右揃えで配置しましょう。

4 件名のフォントサイズを「14」ポイントにし、中央揃えで配置しましょう。

5 別記の箇条書きの行頭が約2字の位置で揃うように左インデントを設定しましょう。

6 別記の箇条書きの「日時」「会場」「謝礼」の文字列が「参加人数」と同じ幅になるように均等割り付けを設定しましょう。

7 別記の箇条書きの「20XX年5月…」「弊社セミナールーム」「〒105-0013…」「160名」「50,000円」の文字列の左端が約10字の位置で揃うように左揃えタブを設定しましょう。

8 28行目の「鷹島」に「たかしま」というルビを設定しましょう。

9 29～32行目の行頭が約20字の位置で揃うように左インデントを設定しましょう。

10 文書を「W-L02-01」という名前で保存しましょう。

■1 文書を新規作成し、次のように既定の段落とフォントを設定しましょう。
配置:「両端揃え」 段落後:「0pt」 行間:「1行」
フォントサイズ:「10.5」ポイント

■2 次のように文字を入力しましょう。

```
総務XX0614
20XX年6月14日
社員各位
総務部□海山厚志

社内業務システム講習会について

　かねて通知しているとおり、7月4日(月)をもって現在使用している社内業務システムを新システムに移行します。つきましては、従来のシステムとの相違点や使用上の注意点などについての講習会を下記の日程で開催します。システム移行後の業務がスムーズに行えるよう、都合のよい日を選んで全社員必ず受講してください。なお、事前の申し込みは不要です。

                              記
日程 → 6月20日(月)→1回目11:00〜 → 2回目16:00〜
     → 6月22日(水)→1回目10:00〜 → 2回目15:00〜
     → 6月24日(金)→1回目10:00〜 → 2回目14:00〜
講習時間 → 約1時間を予定
会場 → 会議室R501
講師 → FFシステム株式会社より派遣
                                                      以上

【お願い】上記期間中のいずれの日程でも受講できない方は、総務部□海山(内線1106)までご連絡ください。
```

■3 文書番号、発信日、発信者を右揃えで配置しましょう。
■4 件名のフォントサイズを「12」ポイントにし、中央揃えで配置しましょう。
■5 別記の箇条書きの行頭に2字分の左インデントを設定しましょう。
■6 別記の箇条書きの「日程」「会場」「講師」の文字列が「講習時間」と同じ幅になるように均等割り付けを設定しましょう。
■7 別記の箇条書きの「日程」の3行について、次のように設定しましょう。
　・日にちの左端が9字の位置で揃うように左揃えタブを設定しましょう。
　・「1回目…」の左端が18字の位置で揃うようにリーダー付きの左揃えタブを設定しましょう。リーダーの種類は「-------(3)」を選択します。
　・「2回目…」の左端が26字の位置で揃うように左揃えタブを設定しましょう。
■8 別記の箇条書きの「約1時間を予定」「会議室R501」「FFシステム株式会社より派遣」の文字列の左端が9字の位置で揃うように左揃えタブを設定しましょう。
■9 23〜24行目の「【お願い】…ご連絡ください。」に5字分のぶら下げインデントを設定しましょう。
■10 23行目の「海山」に「みやま」というルビを設定しましょう。その際、[オフセット]を「2pt」、[サイズ]を「7pt」に設定します。
■11 文書を「W-L02-02」という名前で保存しましょう。

27

Lesson 3 シンプルなレポートや報告書の作成

大学のレポートや業務の報告書などは、A4用紙1枚程度でシンプルにまとめたい場合もあります。ここでは、文字や書式のコピー、段落の書式設定など、効率よく、読みやすい文書を作成するための機能を学習します。

キーワード

- □□レポート
- □□移動
- □□コピー
- □□段落の背景の色
- □□段落の罫線
- □□書式のコピー/貼り付け
- □□行頭文字
- □□段落番号
- □□行間
- □□段落間隔

このレッスンのポイント

- ▶ レポート作成の基本ルール
- ▶ 文字を移動／コピーする
- ▶ 段落に背景色や罫線を設定する
- ▶ 同じ書式を繰り返し設定する
- ▶ 記号や番号付きの箇条書きにする
- ▶ 行や段落の間隔を調整する

完成例（ファイル名：写楽作品から見る人物像.docx）

『写楽』その作品から見る人物像について

学　　部□芸術学部2年
氏　　名□佐藤一郎
学籍番号□11AA001111X

はじめに
浮世絵の世界に写楽が登場したのは寛政六年（1794年）五月。それからおよそ十ヶ月で忽然と姿を消した。残した作品は140点以上。その画風は短期間で劇的に変化している。写楽作品の変遷を見ながら写楽の人物像を考察してみたい。

写楽作品の変遷
写楽の活動期間は短いが、その画風は短期間で劇的に変化している。作品の発表された時期、その画風によって以下の4期に分けて考えることができる。

■→寛政六年五月（第1期）……大判役者大首絵。役者の半身像や胸像を描いたもの。顔や姿をデフォルメし、役者の個性や表情、しぐさの特徴がくっきりと表現されている。
作品：『三代目大谷鬼次の江戸兵衛』『中山富三郎の宮城野』など

■→寛政六年七月（第2期）……大判・細判役者全身像。顔よりも全身の表現で場面の雰囲気を描き出す工夫を試みている。
作品：『篠塚浦右衛門の口上図』『三代目大谷鬼次の川島治部五郎』など

■→寛政六年十一月（第3期）……細判役者全身像・間判役者大首絵・相撲絵。再び大首絵を制作するが、間判という小さ目の版型で制作している。
作品：『七代目片岡仁左衛門の紀の名虎』『初代尾上松助の足利尊氏』など

■→寛政七年一月（第4期）……細判役者全身像・相撲絵・武者絵等。歌舞伎の舞台以外の新しい分野にも筆を染めるが、役者絵には精彩を欠きこの4期をもって姿を消す。
作品：『大童山の土俵入り』『二代目市川門之助』など

まとめ
写楽といえば、大首絵が有名だが、それ以降に描かれた全身像にこそ、芝居の内容と役者の芸風が的確にとらえられている。役者の内面をのぞき込み、それを自己流に解釈して表現する姿勢。美化せず内面を生々しく描きだすような筆あとや、わざと体のバランスを崩してそれを楽しむような身体描写は、同時代の絵師たちには邪道と映ったのかもしれない。

参考文献
1.→向井栄太、「写楽の見方」、BP書房（2019）
2.→春川洋子、「江戸の絵師たち」、日経美術出版（2023）

レポート作成の基本ルール

大学の授業では、あるテーマについてまとめた「レポート」の提出が求められる場合があります。また、理系の授業で各種の実験を行った際には、通常、その経過と結論をまとめたレポートの提出が義務付けられます。レポートは、高校以前に書いていた感想文などとは異なり、ただ考えたことや感じたことを書けばよいというわけではありません。ここではまず、大学のレポートの書き方に関する一般的なルールを紹介します。

●レポートとは

レポートには、実験や調査等の事実の記録をまとめるものと、出題された（あるいは自分自身が選んだ）テーマに対する自分の意見を記述するものとがあります。前者の場合は、実験・調査の具体的な手順と結果、そこから導き出される結論などを記述します。実験前に何らかの仮説を立てていた場合は、その仮説に対する検証も行います。また、後者の場合は、単に「自分はこう考える」と書くだけでなく、なぜそう考えたのか、必ずその論理的な根拠を記述します。

いずれについても「楽しかった」「興味深かった」といった個人的な感想は不要で、事実と結論だけをまとめるようにします。

●資料の収集

レポートの作成を開始する前に、そこで取り扱う問題に関連した資料を集める必要があります。具体的には、書籍や雑誌、新聞記事といった文献資料や、官公庁などの信頼できる機関が実施した各種の統計調査のデータです。

文献資料を集めるには、まず大学などの図書館を利用するとよいでしょう。図書館には通常、コンピューターによる検索システムが用意されており、キーワードを入力して、目的の資料を探し出すことができます。現在では、自宅のコンピューターからインターネット経由で図書館の蔵書を検索することも可能になっています。各種の統計データも、やはりインターネットで検索して見つけ出すことができます。

資料を参考にした場合は、必ずその書籍名などを、参考文献としてレポートの末尾に明記します。また、一部を引用した場合は、その部分を本文と区別して、引用であることがわかるようにする必要があります。

●レポートの構成

学術的なレポートの記述の仕方には、標準的なフォーマットがあります。このフォーマットに従って書くことで、読みやすく形の整ったレポートという印象になります。

一般に、論文やレポートは、「序論」「本論」「結論」の３つの部分で構成されます。さらに、必要に応じて末尾に「参考文献」のリストを付けます。

序論（❶）はいわば本文の前置き（序文・はじめに）であり、レポートの主旨や概要を記述します。そのテーマを選択した理由や背景、そのテーマを論じる必要性などを説明し、調査や実験を行った場合はその方法も明記します。また、特に長い論文の場合は、序文というよりも内容の要約（アブストラクト）を、本文とは独立させた形で記述します。

本論（❷）は、文字通りレポートの主となる議論です。検討の対象である問題を提起し、その問題に対する自分なりの答えを明確に記述します。さらに、その答えにたどり着くまでの過程を、筋道を立てて論理的に説明していきます。

最後に、本論の内容をまとめ、結論（❸）を記述します。

なお、本文中で引用を行った場合は、必ずその出典を明示します。出典を明記せず、他の人の考えをあたかも自分の考えであるかのように記述するのは「剽窃」（ひょうせつ）と呼ばれ、レポート作成においては最大の禁止事項です。引用したり参考にした書籍や論文は、レポートの最後に参考文献（❹）としてまとめて記載します。

『写楽』その作品から見る人物像について

学部 芸術学部 2 年
氏名 佐藤一郎
学籍番号 11AA001111X

はじめに
浮世絵の世界に写楽が登場したのは寛政六年（1794 年）五月。それからおよそ十ヶ月で忽然と姿を消した。残した作品は 140 点以上。その画風は短期間で劇的に変化している。写楽作品の変遷を見ながら写楽の人物像を考察してみたい。 ◀ **❶**

写楽作品の変遷
写楽の活動期間は短いが、その画風は短期間で劇的に変化している。作品の発表された時期、その画風によって以下の 4 期に分けて考えることができる。
寛政六年五月（第 1 期）……大判役者大首絵。役者の半身像や胸像を描いたもの。顔や姿をデフォルメし、役者の個性や表情、しぐさの特徴がくっきりと表現されている。
作品：『三代目大谷鬼次の江戸兵衛』。『中山富三郎の宮城野』など
寛政六年七月（第 2 期）……大判・細判役者全身像。顔よりも全身の表現で場面の雰囲気を描き出す工夫を試みている。
作品：『篠塚浦右衛門の口上図』。『三代目大谷鬼次の川島治部五郎』など
寛政六年十一月（第 3 期）……細判役者全身像・間判役者大首絵・相撲絵。再び大首絵を制作するが、間判という小さ目の版型で制作している。
作品：『七代目片岡仁左衛門の紀の名虎』。『初代尾上松助の足利尊氏』など
寛政七年一月（第 4 期）……細判役者全身像・相撲絵・武者絵等。歌舞伎の舞台以外の新しい分野にも筆を染めるが、役者絵には精彩を欠きこの 4 期をもって姿を消す。
作品：『大童山の土俵入り』。『二代目市川門之助』など ◀ **❷**

まとめ
写楽といえば、大首絵が有名だが、それ以降に描かれた全身像にこそ、芝居の内容と役者の芸風が的確にとらえられている。役者の内面をのぞき込み、それを自己流に解釈して表現する姿勢。美化せず内面を生々しく描きだすような筆あとや、わざと体のバランスを崩してそれを楽しむような身体描写は、同時代の絵師たちには邪道と映ったのかもしれない。 ◀ **❸**

参考文献
1. 向井栄太、「写楽の見方」、BP 書房 (2019)
2. 春川洋子、「江戸の絵師たち」、日経美術出版 (2023) ◀ **❹**

●剽窃（ひょうせつ）の問題

インターネットの発達により、近年は、あるテーマについて書かれた論文などを簡単に探し出すことができます。それを参考にする程度ならよいのですが、誰かの書いた文章をそのまま切り貼りして、自分のレポートとして提出する学生も増えています。

このような行為は剽窃として、厳しい処罰の対象となります。単に評価が下がるというだけではなく、単位取得が認められなかったり、あるいはもっと厳しい処罰が待っていたりする可能性もあります。

こうした学生は「どうせわからないだろう」という甘い考えで行うのですが、ネット上に公開されている類似したテーマについての論文は出題者側もチェックしていることが多く、文章の不自然さなどもあって、実際にはかなりの確率で見つかってしまいます。また、最近では、剽窃を発見するためのプログラムも開発されています。

ただし、引用部分を明示したとしても、他者の文章をつぎはぎしただけのようなレポートでは、やはり評価は下がります。引用と自分の文章を区別するのは当然として、そこにどれだけ自分独自の意見を加えられるかが重要です。

文字を移動/コピーする

入力した文字や文章の順序を入れ替えるときは、対象の範囲を選択して「移動」します。また、同じ文字や文章を繰り返し使用するときは、対象の範囲を選択して「コピー」します。移動やコピーを利用して、効率よく入力しましょう。

●文書の準備
文書を新規作成し、次のように設定しましょう。
・既定の段落の配置「両端揃え」、段落後「0pt」、行間「1行」、フォント「MSP明朝」、フォントサイズ「10.5」ポイントに設定します。
・用紙サイズを「A4」、上下の余白を「20mm」、行数を「40」に設定します。
・下図のように文字を入力します。その際、16行目、19行目、22行目、25行目の行末では、**Enter**キーでなく、**Shift**+**Enter**キーを押して改行します。
・1行目の「『写楽』その作品から見る人物像について」のフォントサイズを「16」ポイント、太字に設定します。
・3～5行目、8～10行目、13～26行目、29～32行目、35行目に1字分の左インデントを設定します。
・4～5行目の「学部」「氏名」の文字列に4字分の均等割り付けを設定します。
・7行目の「はじめに」のフォントサイズを「12」ポイント、太字に設定します。
・「写楽作品から見る人物像」という名前で保存しておきます。

Shift+Enterキーで改行する

行末でEnterキーを押すと、↵(段落記号)が表示されて改行され、次の行から新しい段落になります。行末でShift+Enterキーを押すと、↓(改行記号)が表示されて改行されますが、段落は改まりません。次の↵までは1つの段落として扱われ、設定した書式もそのまま引き継がれます。

操作の繰り返し

インデントを複数回設定するなど、直前の操作を繰り返すには、クイックアクセスツールバーの[繰り返し]ボタンをクリックします。Ctrl+Yキーまたは F4キーを押しても実行できます。

複数箇所の均等割り付け

均等割り付けで上記の操作の繰り返しを行うと、段落全体が左右の余白に揃えて配置され、文字数を指定しての配置はできません。複数箇所を同じ文字数に揃えたい場合は、あらかじめ複数の範囲を選択し、[均等割り付け]ボタンを使用して設定します。

『写楽』その作品から見る人物像について↵

↵
学籍番号 11AA001111X↵
学　　部 芸術学部2年↵
氏　　名 佐藤一郎↵
↵
はじめに
浮世絵の世界に写楽が登場したのは寛政六年(1794年)五月。それからおよそ十ヶ月で忽然と姿を消した。残した作品は140点以上。その画風は短期間で劇的に変化している。写楽作品の変遷を見ながら写楽の人物像を考察してみたい。↵
写楽作品の変遷
写楽の活動期間は短いが、作品の発表された時期、その画風によって以下の4期に分けて考えることができる。
寛政六年五月(第1期)……大判役者大首絵。役者の半身像や胸像を描いたもの。顔や姿をデフォルメし、役者の個性や表情、しぐさの特徴がくっきりと表現されている。↓
作品：『三代目大谷鬼次の江戸兵衛』。『中山富三郎の宮城野』など↵
寛政六年七月(第2期)……大判・細判役者全身像。顔よりも全身の表現で場面の雰囲気を描き出す工夫を試みている。↓
作品：『篠塚浦右衛門の口上図』。『三代目大谷鬼次の川島治部五郎』など↵
寛政六年十一月(第3期)……細判役者全身像・間判役者大首絵・相撲絵。再び大首絵を制作するが、間判という小さ目の版型で制作している。↓
作品：『七代目片岡仁左衛門の紀の名虎』。『初代尾上松助の足利尊氏』など↵
寛政七年一月(第4期)……細判役者全身像・相撲絵・武者絵等。歌舞伎の舞台以外の新しい分野にも筆を染めるが、役者絵には精彩を欠きこの4期をもって姿を消す。↓
作品：『大童山の土俵入り』。『二代目市川門之助』など↵
↵
まとめ
写楽といえば、大首絵が有名だが、それ以降に描かれた全身像にこそ、芝居の内容と役者の芸風が的確にとらえられている。役者の内面をのぞき込み、それを自己流に解釈して表現する姿勢。美化せず内面を生々しく描きだすような筆あとや、わざと体のバランスを崩してそれを楽しむような身体描写は、同時代の絵師たちには邪道と映ったのかもしれない。↵
↵
参考文献↵

●文字の移動

3行目(「学籍番号　11AA…」の行)を5行目(「氏名　佐藤…」の行)の下に移動します。

1. 3行目を選択します。
2. [ホーム]タブの [切り取り]ボタンをクリックします。

3. 3行目が切り取られます。
4. 5行目の行頭をクリックします。
5. [ホーム]タブの [貼り付け]ボタンをクリックします。

6. 行が移動します。

●文字のコピー

9行目の「その画風は短期間で劇的に変化している。」の文字列を13行目の「作品の発表された…」の前にコピーします。

1. 9行目の「その画風は短期間で劇的に変化している。」を文字単位で選択します。
2. [ホーム]タブの [コピー]ボタンをクリックします。
3. 13行目の「作品の」の前をクリックします。
4. [ホーム]タブの [貼り付け]ボタンをクリックします。

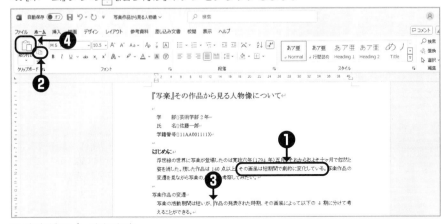

5. 文字がコピーされます。

[貼り付けのオプション]

文字の貼り付けの操作を行うと、貼り付けた部分の右下に (Ctrl)・[貼り付けのオプション]ボタンが表示されます。ボタンをクリックすると、次の4つのボタンが表示され、書式の貼り付け方を指定できます。また、ボタンをポイントすると、貼り付け後の状態がプレビュー表示されます。

[元の書式を保持]
移動(コピー)元の書式のまま貼り付ける。

[書式を結合]
移動(コピー)元と移動(コピー)先の書式を結合して貼り付ける。

[図]
図として貼り付ける。通常の図と同様に、拡大縮小などができる。

[テキストのみ保持]
書式を削除して、文字だけを貼り付ける。

なお、指定しないときは、元の書式のままで貼り付けられます。

文字単位で選択する

(段落記号)を含めないように、文字だけをドラッグして選択します。

[貼り付け]ボタン

[貼り付け]ボタンの上部をクリックすると、直前にコピーや切り取りをしたデータを何度でも貼り付けることができます。また、ボタンの下部の▼をクリックし、[形式を選択して貼り付け]をクリックすると、ダイアログボックスが表示され、図として貼り付けるなどの形式を選択することができます。

活用

移動やコピーは、マウス操作やショートカットメニューでも行えます。次のように操作します。

・マウス操作で移動、コピーする
移動またはコピーする範囲を選択し、選択した範囲上にマウスポインターを合わせます。移動する場合はドラッグし、コピーする場合は **Ctrl** キーを押しながらドラッグし、マウスのボタンから先に指を離し、次にキーから指を離します。マウスポインターの形は移動では ▧、コピーでは ▧ になります。

・ショートカットメニューで移動、コピーする
1. 移動またはコピーする範囲を選択し、選択した範囲上で右クリックします。
2. ショートカットメニューの[切り取り]または[コピー]をクリックします。
3. 移動またはコピー先にカーソルを移動し、右クリックします。
4. ショートカットメニューの[貼り付けのオプション]の貼り付け方のボタンをクリックします。

・ショートカットキーで移動、コピーする
1. 移動またはコピーする範囲を選択し、移動の場合は **Ctrl** + **X** キー、コピーの場合は **Ctrl** + **C** キーを押します。
2. 移動またはコピー先にカーソルを移動し、**Ctrl** + **V** キーを押します。

段落に背景色や罫線を設定する

レポートや報告書では、件名や見出し、項目ごとの区切りを明確に示すと、文書の構造がわかりやすくなります。「段落の背景の色」の機能を使って段落単位で背景を塗りつぶしたり、「段落の罫線」の機能を使って段落の周囲に罫線を引いたりすると効果的です。

●段落の背景の色の設定
1行目の「『写楽』その作品から見る人物像について」の段落に「テーマの色」の「白、背景1、黒＋基本色25％」の背景色を設定し、文書全体の件名として目立たせます。

1. 1行目を選択します。
2. [ホーム]タブの[罫線]ボタンの▼をクリックし、一覧から[線種とページ罫線と網かけの設定]をクリックします。

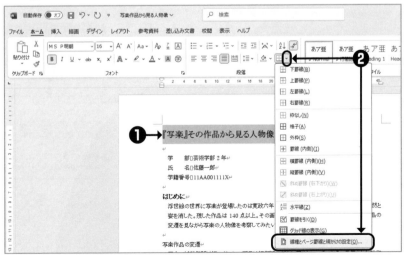

3. [罫線と網かけ]ダイアログボックスの[網かけ]タブをクリックします。
4. [背景の色]ボックスの▼をクリックし、[テーマの色]の一覧から[白、背景1、黒＋基本色25%]をクリックします。
5. [設定対象]ボックスに[段落]と表示されていることを確認し、[OK]をクリックします。

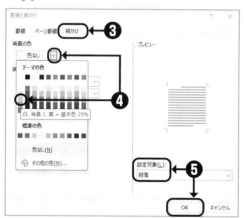

6. 段落に背景色が設定されます。

●段落の罫線の設定

段落の上、下、左、右や外枠など、位置を指定して罫線を引くことができます。ここでは、7行目の見出し「はじめに」の段落の上側に罫線を設定して見出しを目立たせるとともに、項目の区切りをわかりやすくします。

1. 7行目を選択します。
2. [ホーム]タブの [罫線]ボタンの▼をクリックし、一覧から[上罫線]をクリックします。
3. 段落の上側に罫線が設定されます。

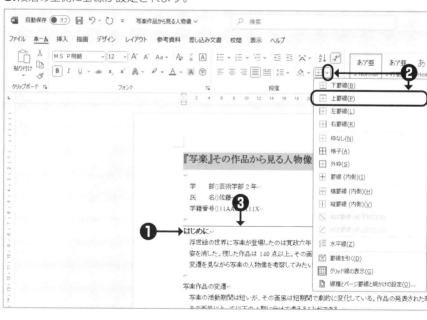

段落の背景色の解除
解除したい範囲を選択し、[罫線と網かけ]ダイアログボックスの[網かけ]タブを表示します。[背景の色]ボタンの▼をクリックし、一覧から[色なし]をクリックして、[OK]をクリックします。

ボタンの表示
[罫線]ボタンに表示されるアイコンは、直前に一覧から選択した罫線を引く位置によって変わります。

段落の罫線の解除
解除したい範囲を選択し、[罫線]ボタンの▼をクリックして、一覧から[枠なし]をクリックします。

活用

段落の罫線は、罫線を引く位置の選び方によって、さまざまな使い方ができます。いろいろな設定を試してみましょう。[下罫線]と[左罫線]など、複数の位置を組み合わせて設定することもできます。

[外枠]を設定した例

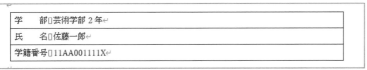

[格子]を設定した例

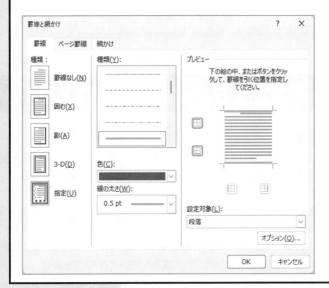

[罫線と網かけ]ダイアログボックスの[罫線]タブでは、線の種類や色、太さ、罫線を引く位置を細かく設定できます。

線の種類は[種類]ボックス、線の色は[色]ボックス、線の太さは[線の太さ]ボックスからそれぞれ選択します。罫線を引く位置は、[プレビュー]の周囲に表示されているボタンをクリックするか、絵の中の罫線を引きたい位置をクリックして設定します。

同じ書式を繰り返し設定する

見出しや繰り返し出てくるキーワードに同じ書式を設定すると、体裁もよく、文書に統一感が出ます。「書式のコピー／貼り付け」の機能を使うと、コピー元の範囲に設定されている書式だけをコピー先の範囲に貼り付けて、書式を揃えることができます。ここでは、7行目の見出し「はじめに」の書式を、12行目の「写楽作品の変遷」、28行目の「まとめ」、34行目の「参考文献」にコピーします。

[書式のコピー/貼り付け]ボタン

書式を貼り付ける先が1か所の場合は[書式のコピー/貼り付け]ボタンをクリックして貼り付け先をドラッグします。貼り付ける先が複数箇所の場合はダブルクリックして貼り付け先を連続してドラッグし、貼り付けが終了したら[書式のコピー/貼り付け]ボタンを再びクリックするか**Esc**キーを押してオフにします。

1. 7行目を選択します。
2. [ホーム]タブの [書式のコピー/貼り付け]ボタンをダブルクリックします。
3. マウスポインターの形が の状態になったら、12行目の「写楽作品の変遷」をドラッグします。

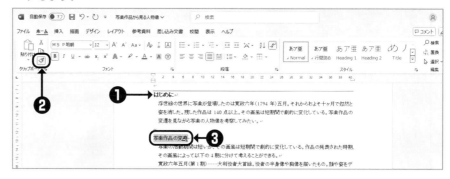

4. 7行目と同じ書式が設定されます。
5. 同様に、28行目の「まとめ」、34行目の「参考文献」をドラッグします。
6. もう一度、 [書式のコピー/貼り付け]ボタンをクリックしてオフにします。マウスポインターの形が元の状態に戻り、書式のコピー/貼り付けが終了します。

記号や番号付きの箇条書きにする

箇条書きの行頭に「●」「■」「✓」などの記号を付ける「行頭文字」や、「1. 2. 3.…」「① ② ③…」「A) B) C)…」などの連続番号を付ける「段落番号」の機能を使うと、情報が整理されて読みやすくなります。行頭文字や段落番号には、次のような利点があります。

・行頭文字や段落番号を設定すると、ぶら下げインデントも同時に設定され、文章が2行以上になっても行頭位置が揃います。
・行頭文字や段落番号を設定した段落の末尾で**Enter**キーを押すと、次の行の先頭に同じ行頭文字や続きの段落番号が入力され、箇条書きを続けて作成できます。
・段落番号を設定した段落を削除、移動すると、自動的に番号が振り直されます。

●箇条書きの設定方法
行頭文字や段落番号付きの箇条書きを設定するには、次の2通りの方法があります。

・[ホーム]タブの [箇条書き]ボタン、 [段落番号]ボタンで設定する
入力済みの範囲を箇条書きに設定するときは、この方法を使います。

・入力オートフォーマット機能で行頭文字や段落番号を設定する
「・」などの記号や、「1.」「1)」などの番号を行頭に入力してスペースキーを押すと、入力オートフォーマット機能によって自動的に箇条書きが設定されます。そのまま文字を入力して**Enter**キーを押すと、続けて箇条書きを作成できる状態になります。文字を入力しながら箇条書きを作成するときは、この方法を使います。

●[箇条書き]ボタンを使った行頭文字の設定
15行目の「寛政六年五月…」から26行目の「…門之助』など」までの段落を、行頭文字「■」付きの箇条書きに設定します。

段落番号の設定

段落番号を設定するときは、同様に範囲を選択し、[ホーム]タブの[段落番号]ボタンの▼をクリックして、[番号ライブラリ]の一覧から設定する段落番号をクリックします。

行頭文字や段落番号の解除

解除したい範囲を選択し、[箇条書き]ボタンや[段落番号]ボタンをクリックしてオフにします。

オートコレクトのオプション

入力オートフォーマットによって箇条書きが設定されたり、文字が自動的に変更されたりした場合には、[オートコレクトのオプション]ボタンが表示されます。ボタンをクリックするとメニューが表示され、[元に戻す―…]を選択すると設定が解除されて入力したときの状態に戻ります。

1. 15〜26行目を選択します。
2. [ホーム]タブの[箇条書き]ボタンの▼をクリックし、[行頭文字ライブラリ]の一覧から[■]をクリックします。
3. 段落の先頭に行頭文字「■」が設定されます。

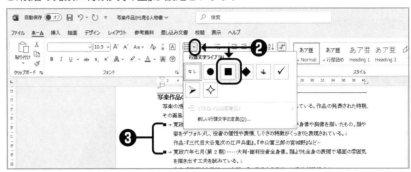

●入力オートフォーマット機能を使った段落番号の設定

見出し「参考文献」の下に、入力オートフォーマット機能を使って、段落番号付きの箇条書きを作成します。

1. 35行目にカーソルを移動します。
2. 「1.」と入力し、スペースキーを押します。
3. 「1.」が段落番号に設定されます。

4. 「向井栄太、「写楽の見方」、BP書房（2019）」と入力し、**Enter**キーを押します。
5. 次の行の先頭に「2.」と表示されます。

6. 「春川洋子、「江戸の絵師たち」、日経美術出版（2023）」と入力します。

活用

[箇条書き]ボタンや[段落番号]ボタンの一覧にない記号や番号を設定したいときは、ボタンの▼をクリックし、[新しい行頭文字の定義]や[新しい番号書式の定義]をクリックし、表示されるダイアログボックスで指定します。

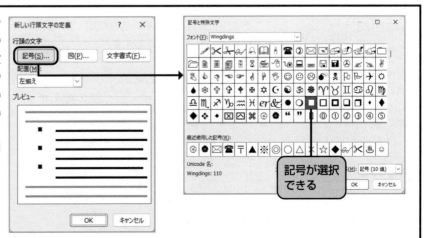

活用

段落番号は、連続番号にすることも「1」から振り直すこともできます。段落番号を変更したい段落内にカーソルを移動して右クリックし、ショートカットメニューから変更方法を選択します。
［1から再開］…選択した段落を「1」として、続きの番号を振り直します。
［自動的に番号を振る］…前の段落番号に続けて連続番号にします。
［番号の設定］…［番号の設定］ダイアログボックスが表示され、開始番号を自由に設定できます。

連続番号を「1」から振り直す場合の例

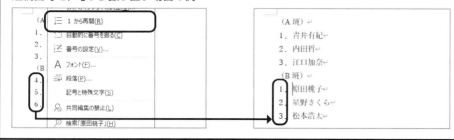

行や段落の間隔を調整する

行の下端から次の行の下端までの間隔のことを「行間」といいます。また、段落と段落との間隔のことを「段落間隔」といいます。行間や段落間隔を広げたり狭めたりすると、文章が読みやすくなったり、段落の区切りがわかりやすくなったりする効果があります。なお、段落間隔は、基準となる段落に対して、その前にある段落との間隔、後にある段落との間隔をそれぞれ設定できます。

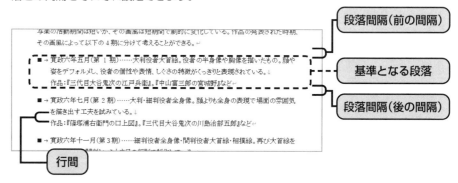

段落

Enterキーを押して⏎（段落記号）で区切られた範囲を段落といいます。
Shift＋**Enter**キーを押して↓（改行記号）で改行した場合は、次の行も同じ段落になります。

pt（ポイント）での行間の指定

［間隔］ボックスは通常「行」単位の表示ですが、「20pt」のように「pt」を付けて入力するとpt（ポイント）で指定できます。

段落間隔が変更されない場合は

［ホーム］タブの［段落］の⤓［段落の設定］ボタンをクリックします。［段落］ダイアログボックスの［インデントと行間隔］タブが表示されるので、［間隔］の［同じスタイルの場合は段落間にスペースを追加しない］チェックボックスをオフにします。

段落間隔の解除

解除したい範囲を選択し、［前の間隔］ボックス、［後の間隔］ボックスを「0行」に設定します。

●段落間隔の設定

ここでは、13行目の「写楽の活動期間…」から26行目の「…門之助」など」までの段落の後の間隔を「0.5行」に設定します。

1. 13～26行目を選択します。
2. ［レイアウト］タブの ［後の間隔］ボックスを「0.5行」に設定します。

3. 段落後の間隔が変更されます。

活用

行間を設定するときは、行間を設定する範囲を選択し、[ホーム]タブの[行と段落の間隔]ボタンをクリックして、一覧から設定する行間の値をクリックします。行間の設定を解除するときは、一覧から[1.0]をクリックします。

[段落前に間隔を追加] [段落後に間隔を追加]をクリックすると、段落の前後に12ポイントの間隔が追加されます。解除するときは、範囲を選択し、[段落前の間隔を削除] [段落後の間隔を削除]をクリックします。

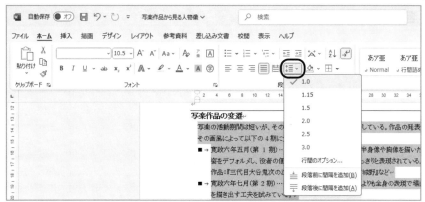

[行と段落の間隔]ボタンの一覧にない値を設定したり、行間を微調整したりする場合は、[段落]ダイアログボックスの[インデントと行間隔]タブで設定します。次のように操作します。

1. 行間を設定する範囲を選択し、[ホーム]タブの[行と段落の間隔]ボタンをクリックして、一覧から[行間のオプション]をクリックします。
2. [段落]ダイアログボックスの[インデントと行間隔]タブで[行間]ボックスの▼をクリックし、一覧から行間の値をクリックします。[最小値] [固定値] [倍数]を選択した場合は、[間隔]ボックスに行の間隔を設定し、[OK]をクリックします。

[最小値]……選択した範囲に、[間隔]ボックスで指定したポイント(pt)の値より大きなサイズの文字がある場合、その文字のサイズに合わせて行間が調整されます。

[固定値]……選択した範囲に入力されている文字のサイズに関係なく、[間隔]ボックスで指定したポイント(pt)の値に行間が固定されます。

[倍数]………通常の行間(1行)の何倍にするかを指定します。

練習問題

❶文書を新規作成し、次のように既定の段落とフォントを設定しましょう。
　配置:「両端揃え」　段落後:「0pt」　行間:「1行」
　フォントサイズ:「10.5」ポイント

❷用紙サイズを「B5」に設定しましょう。

❸次のように文字を入力しましょう。

```
　　　　保養所利用申込書
　　　　
　　　　申請日：
　　　　申請者：
　　　　社員番号：
　　　　所属：
　　　　
　　　　利用希望日
　　　　第1希望□□月□□日（□）から□□泊
　　　　
　　　　利用希望施設
　　　　清里ウッディハウス
　　　　アヴェニール箱根
　　　　鳥羽山海荘
　　　　鳴門ガーデンプレイス
　　　　（希望施設に〇を付けてください）
　　　　
　　　　利用者
　　　　代表者名：
　　　　利用人数：大人□□名、子ども□□名
　　　　
　　　　特記事項
　　　　
```

❹1行目の「保養所利用申込書」のフォントサイズを「18」ポイントにし、中央揃えで配置しましょう。

❺3～6行目に段落の罫線の「格子」を設定しましょう。

❻8行目の「利用希望日」を太字にし、段落の罫線の「下罫線」を設定しましょう。

❼8行目の「利用希望日」と同じ書式を、11行目の「利用希望施設」、18行目の「利用者」、22行目の「特記事項」に設定しましょう。

❽9行目の「第1希望…」を10～11行目にコピーし、「第1希望」をそれぞれ「第2希望」「第3希望」に書き換えましょう。

❾「利用希望施設」の下の「清里ウッディハウス」から「鳴門ガーデンプレイス」を行頭文字「●」付きの箇条書きに設定しましょう。

❿文書を「W-L03-01」という名前で保存しましょう。

問題 3-2

❶文書を新規作成し、次のように既定の段落とフォントを設定しましょう。
　配置：「両端揃え」　段落後：「0pt」　行間：「1行」
　フォントサイズ：「10.5」ポイント

❷次のように文字を入力しましょう。

```
社外セミナー参加報告書

社外セミナーに参加しましたので、以下のとおりご報告します。
【報告日】20XX年7月12日
【報告者】CS推進部□中村美咲

セミナー概要
名称　→　CS再認識セミナー
主催者→パワーズコンサルティング株式会社
講師　→　□山内静香氏
開催日時　　→　　20XX年7月11日□10:00～15:00
開催場所　　→　　□セミナールーム
参加費用　　→　　8,000円（テキスト代込み）
主な内容
CSの影響は／接遇OK？／クレームはプラス思考で／CS推進のために

所感
CS（顧客満足）についての基本的な考え方から、接遇やクレーム処理の実習、他社の事例に基づいてCS推進の具体策まで考える実用的なセミナーで、業務に直接反映できる内容だった。
顧客の視点に立つことの重要性が改めて理解できた。
クレームにはこれまでマイナスイメージしか持てなかったが、クレームを業務改善にいかすというプラスの考え方をする姿勢を学んだ。
CS推進のためには、顧客の要望を分析して問題点に優先順位を付け、短・中・長期の目標をたてて達成していくことが必要だとわかった。

添付資料

　　　　　　　　　　　　　　　　　　　　　　　　　　　　　　　　　　　以上
```

❸1行目の「社外セミナー参加報告書」のフォントサイズを「14」ポイント、太字、中央揃えで配置し、段落の罫線の「外枠」を設定しましょう。

❹4～5行目の行頭が約25字の位置に揃うように左インデントを設定しましょう。

❺7行目の「セミナー概要」を太字、段落の背景の色を「テーマの色」の「白、背景1、黒＋基本色35%」に設定しましょう。

❻8～10行目の「名称」「主催者」「講師」の文字列に4字分の均等割り付けを設定しましょう。

❼9行目の「パワーズコンサルティング株式会社」の文字列を、10行目の「　山内静香氏」、12行目の「　セミナールーム」の前にコピーしましょう。

❽7行目の「セミナー概要」と同じ書式を、17行目の「所感」、27行目の「添付資料」に設定しましょう。

❾8行目の「名称…」から15行目の「CSの影響は…」を、行頭文字「❖」付きの箇条書きに設定しましょう。

❿18行目の「CS（顧客満足）…」から25行目の「…必要だとわかった。」の段落後の間隔を「0.5行」に設定しましょう。

⓫27行目の「添付資料」のすぐ下に、段落番号「1)」「2)」付きの箇条書きを作成しましょう。入力内容は「セミナーテキスト」「CSチェックシート」とします。

⓬文書を「W-L03-02」という名前で保存しましょう。

■1 文書を新規作成し、次のように既定の段落とフォントを設定しましょう。
　配置：「両端揃え」　段落後：「0pt」　行間：「1行」
　フォントサイズ：「10.5」ポイント

■2 上下の余白を「25mm」に設定しましょう。

■3 次のように文字を入力しましょう。

```
アンケート

本日は、やまね家具展示会場へお越しいただき誠にありがとうございます。
今後のよりよい製品開発、サービスのご提供のため、お客様のお声をお聞かせください。
最も印象に残った展示コーナーはどちらでしたか？
1．リビング　→　2．ダイニング→3．ベッドルーム
4．キッチン　→　5．キッズルーム6．バス・トイレ
7．その他
展示方法はいかがでしたか？
1．とても見やすかった→2．見やすかった　→　3．どちらともいえない
4．見づらかった　→　5．とても見づらかった
理由：
ご来場のきっかけを教えてください。
1．新聞　　→　2．テレビ　→　3．インターネット
4．知人からのご紹介　→　5．当社からのご案内状→6．その他：
ご案内の係員の対応はいかがでしたか？
1．おおいに満足　　→　2．満足　　→　3．どちらともいえない
4．不満　　→　5．おおいに不満
理由：
ご意見・ご要望がございましたら、ご自由にご記入ください。



ご協力ありがとうございました。差し支えなければ、以下にもご記入ください。
お名前：
ご住所：
ご連絡先：　→　メールアドレス：
年齢：→ご職業：
ご記入いただいた個人情報は、アンケートの集計・分析および今後の製品開発、マーケティング資料作成、当社からのご案内に利用させていただく場合があります。
```

■4 1行目の「アンケート」のフォントサイズを「18」ポイント、フォントを「HG創英角ゴシックUB」、段落の背景の色を「テーマの色」の「プラム、アクセント5」、フォントの色を「テーマの色」の「白、背景1」に設定しましょう。

■5 5行目の「最も印象に残った…」について、次のように設定しましょう。
　・フォントを「MSゴシック」、フォントの色を「テーマの色」の「プラム、アクセント5」、太字に設定しましょう。
　・段落の下に、線の色が「テーマの色」の「プラム、アクセント5」、太さが「1.5pt」の罫線を引きましょう。
　・段落番号「1.」付きの箇条書きに設定しましょう。
　・段落の前の間隔を「0.5行」に設定しましょう。

■6 5行目の「最も印象に残った…」と同じ書式を、9行目の「展示方法は…」、13行目の「ご来場のきっかけ…」、16行目の「ご案内の係員の…」、20行目の「ご意見・ご要望が…」に設定しましょう。

■7 6行目の「1．リビング…」から8行目の「7．その他」に、約2字分の左インデント、約15字、約28字の位置に左揃えタブを設定しましょう。

8 6～8行目と同じ書式を、10～12行目、14～15行目、17～19行目に設定しましょう。

9 25行目の「お名前：」から28行目の「年齢：…」について、下図を参考に、次のように設定しましょう。

・約1字分の左インデントを設定しましょう。

・図のように段落の罫線を設定しましょう。その際、線の色は「自動」、線の太さは「0.5pt」に設定します。

・行間を「1.5行」に設定しましょう。

・「メールアドレス」「ご職業」の文字列の左端が約18字の位置で揃うように左揃えタブを設定しましょう。

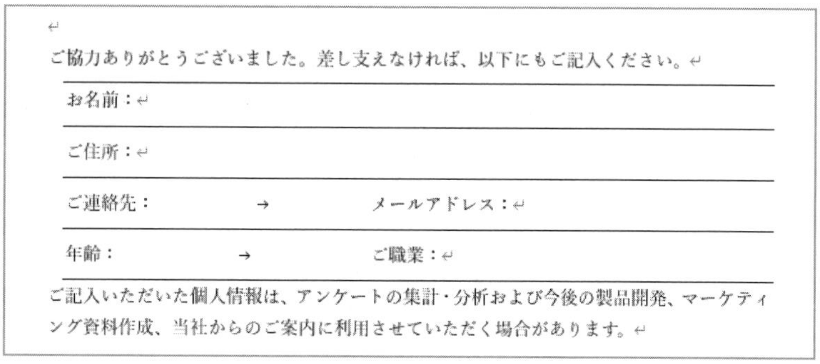

↵

ご協力ありがとうございました。差し支えなければ、以下にもご記入ください。↵

お名前：↵

ご住所：↵

ご連絡先： → メールアドレス：↵

年齢： → ご職業：↵

ご記入いただいた個人情報は、アンケートの集計・分析および今後の製品開発、マーケティング資料作成、当社からのご案内に利用させていただく場合があります。↵

10 文書を「W-L03-03」という名前で保存しましょう。

Lesson 4 表、画像、図形を使った文書の作成（1）

申込書や商品一覧など項目と項目内容を分類して記載する文書では、表を使うと情報を整理して表示することができます。お知らせや案内状では、イラストや写真などの画像があると文書のイメージが伝わりやすくなります。ここでは、表、画像、図形を挿入して、文章とともに配置する方法を学習します。

キーワード

- □□表
- □□セル
- □□行の高さ
- □□列の幅
- □□行や列の挿入、削除
- □□セルの結合
- □□画像
- □□文字列の折り返し
- □□図のスタイル
- □□図形

このレッスンのポイント

- 表を挿入する
- 表の形や配置を整える
- 画像を挿入する
- 画像にスタイルを適用する
- 図形を作成する

完成例（ファイル名：体験レッスンのご案内.docx）

お客様各位

パン作り体験レッスンのご案内

「教室に通いたいけれど、初めてなので不安」という方のために、パン作りの体験レッスンを開催しています。天然酵母を使用した本格的なパン作りを体験できます。お仕事帰りや空き時間にぜひご参加ください。

日□時→月、木曜日の14時、19時

時□間→約2時間

費□用→2000円

持ち物→エプロン、タオル、筆記用具

お問い合わせ：ハッピーブレッド工房

電話□03-1234-xxxx

<申し込みフォーム>

お名前		電話番号	
ご住所	〒		
ご希望日		時間帯	
DM	希望する・希望しない		
ご要望など			

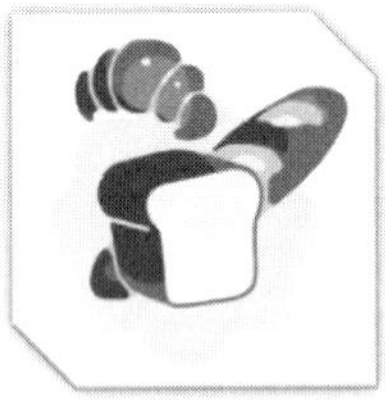

表を挿入する

「表」は次のような要素で構成されます。行と列で区切られた1つ1つのマス目を「セル」と呼びます。

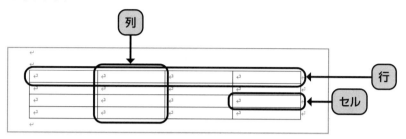

● 文書の準備

文書を新規作成し、次のように設定しましょう。

・既定の段落の配置「両端揃え」、段落後「0pt」、行間「1行」、フォントサイズ「10.5」ポイントに設定します。
・下図のように文字を入力します。
・3行目の「パン作り体験レッスンのご案内」のフォントサイズを「14」ポイントに設定し、中央揃えで配置します。
・9～12行目のフォントサイズを「11」ポイントに設定し、行頭が約4字の位置に揃うように左インデントを設定します。
・14～15行目の発信者を右揃えで配置します。
・18行目の「＜申し込みフォーム＞」のフォントサイズを「12」ポイントに設定します。
・「体験レッスンのご案内」という名前で保存しておきます。

●表の挿入

ここでは、最終行（19行目）に4行5列の表を挿入します。

1. 最終行（19行目）にカーソルを移動します。
2. ［挿入］タブの［表］（表の追加）ボタンをクリックし、マス目の4行5列の位置をクリックします。
3. 4行5列の表が挿入されます。

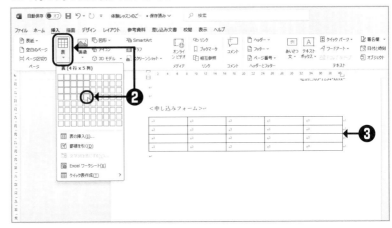

●表の選択

表の各要素を選択するときは、次のように操作します。

・「セル単位」で選択

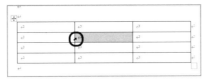

セルの左側をポイントし、マウスポインターの形が➚の状態になったらクリックします。複数のセルを選択するときは、そのままドラッグします。

・「列単位」で選択

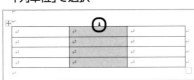

列の上側をポイントし、マウスポインターの形が⬇の状態になったらクリックします。複数列を選択するときは、そのまま左右方向にドラッグします。

・「行単位」で選択

行の左側をポイントし、マウスポインターの形が➚の状態になったらクリックします。複数行を選択するときは、そのまま上下方向にドラッグします。

・「表全体」を選択

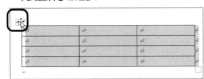

表の左上にある表の移動ハンドル（⊞）をポイントし、マウスポインターの形が✥の状態になったらクリックします。

［表の挿入］ダイアログボックス

8行10列より大きい表を挿入する場合は、［表］（表の追加）ボタンをクリックし、一覧から［表の挿入］をクリックします。［表の挿入］ダイアログボックスの［表のサイズ］の［列数］［行数］の各ボックスに数値を設定し、［OK］をクリックします。

［テーブルデザイン］タブと［テーブルレイアウト］タブ

表を挿入すると、リボンに［テーブルデザイン］タブと［テーブルレイアウト］タブが追加されます。

表の削除

表内の任意のセルにカーソルを移動し、［テーブルレイアウト］タブの［削除］（表の削除）ボタンをクリックして、一覧から［表の削除］をクリックします。

選択の解除

選択している範囲以外の場所をクリックします。

挿入コントロール

表の行の左側や列の上側をポイントすると、行や列の境界線が二重になり⊕が表示されます。これを「挿入コントロール」といいます。クリックすると、その位置に行や列が追加されます。

●表への文字の入力

表に文字を入力するときは、入力するセルをクリックするか、下表のようなキー操作でカーソルを移動しながら入力します。

Tabキー、 右矢印（→）キー	右隣のセルにカーソルが移動します。右端のセルで**Tab**キーを押すと、次の行の先頭のセルにカーソルが移動します。最終行の右端のセルで**Tab**キーを押すと、行が追加されます。
Shift＋**Tab**キー、 左矢印（←）キー	左隣のセルにカーソルが移動します。左端のセルで**Shift**＋**Tab**キーを押すと、前の行の右端のセルにカーソルが移動します。
上矢印（↑）キー	上のセルにカーソルが移動します。
下矢印（↓）キー	下のセルにカーソルが移動します。

表内の文字削除
表全体を選択し、**Delete**キーを押すと、表内のすべての文字が削除されます。

1. 表の1行1列目のセルにカーソルを移動します。
2. 「お名前」と入力し、**Tab**キーを押します。
3. 右隣のセルにカーソルが移動します。続けて、下図のように文字を入力します。

活用

表を作成するには、次のような方法もあります。

・マウス操作で罫線を引く

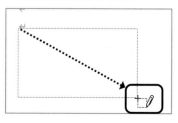

マウス操作で任意の大きさ、形の表を作成できます。［挿入］タブの 📊 ［表］（表の追加）ボタンをクリックし、一覧から［罫線を引く］をクリックすると、マウスポインターの形が 🖊 の状態になります。対角線方向にドラッグすると、外枠線を引けます。続けて、枠内で縦方向、横方向、斜め方向にドラッグすると、縦線、横線、斜線を引くことができます。**Esc**キーを押すか、［テーブルレイアウト］タブの 📊 ［罫線を引く］ボタンをクリックすると、［罫線を引く］ボタンがオフになり、マウスポインターの形が元に戻ります。

・マウス操作で罫線を削除する

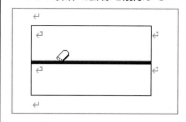

また、罫線を削除するときは、［テーブルレイアウト］タブの 📊 ［消しゴム］（罫線の削除）ボタンをクリックします。マウスポインターの形が ⌒ の状態になったら、削除したい罫線の上をドラッグします。**Esc**キーを押すか、［消しゴム］（罫線の削除）ボタンをクリックすると、［消しゴム］（罫線の削除）ボタンがオフになり、マウスポインターの形が元に戻ります。

（次ページへ続く）

・入力済みの文字列を表に変換する

下図のように入力済みの文字列を表に変換することができます。文字列と文字列の間は、タブや「,」（半角のカンマ）で区切っておきます。

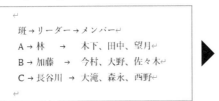 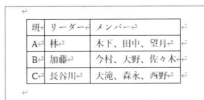

1. 表に変換する範囲を選択します。
2. ［挿入］タブの [表]（表の追加）ボタンをクリックし、一覧から［文字列を表にする］をクリックします。
3. ［文字列を表にする］ダイアログボックスで、［表のサイズ］の［列数］と［文字列の区切り］の設定を確認し、［OK］をクリックします。なお、［自動調整のオプション］の［文字列の幅に合わせる］をクリックすると、上右図のように、列の幅が文字列の長さに合わせて調整されます。

表の形や配置を整える

挿入した表は、行の高さや列の幅の変更、行や列の挿入や削除、セルの結合などを行って、目的に合う形に整えます。表を編集するには、表内にカーソルを移動して表示される［テーブルデザイン］タブと［テーブルレイアウト］タブを使用します。また、作成した表の配置を変更する場合は、表全体を選択してから［ホーム］タブの [中央揃え]ボタンや [右揃え]ボタンをクリックします。

[テーブルデザイン]タブと[テーブルレイアウト]タブ
カーソルを表以外の部分に移動すると、非表示になります。

●行の高さ、列の幅の変更

行の高さや列の幅を変更するには、マウス操作で変更する方法と［テーブルレイアウト］タブの [高さ:6.4 mm] ［高さ］（行の高さの設定）ボックスや [幅:30 mm] ［幅］（列の幅の設定）ボックスに数値を設定して変更する方法があります。
ここでは、表の1列目と3列目の幅をマウス操作で変更し、その他の列の幅と2行目の高さを数値で指定して変更します。

1. 表の1列目の幅を変更します。表の1列目と2列目の間の縦罫線をポイントし、マウスポインターの形が の状態になったら、ダブルクリックします。

2. 1列目の文字列の長さに合わせて、列の幅が調整されます。
3. 2列目の任意のセルをクリックし、［テーブルレイアウト］タブの [幅:30 mm] ［幅］（列の幅の設定）ボックスを「60mm」に設定します。

列の幅や行の高さの変更

マウスでドラッグして任意の幅や高さに変更できます。幅を変更したい列の縦線をポイントし、マウスポインターが ⇔ の状態になったら左右方向にドラッグします。高さを変更したい横線をポイントし、マウスポインターが ⇳ の状態になったら上下方向にドラッグします。

高さや幅を揃える

行や列を選択し、[テーブルレイアウト]タブの[高さを揃える]ボタンや[幅を揃える]ボタンをクリックすると、選択した行や列の高さや幅が同じになります。

表全体のサイズの変更

表全体のサイズを変更するときは、表の右下にあるサイズ変更ハンドル（□）をポイントし、マウスポインターの形が ⤡ の状態になったら拡大縮小したい方向へドラッグします。

行や列の挿入

行や列の挿入は、[テーブルレイアウト]タブのボタンを使っても行えます。カーソルのあるセルに対して上下左右のどの位置に行や列を追加するかによって[行を上に挿入]、[下に行を挿入]、[列を左に挿入]、[列を右に挿入]ボタンをクリックします。

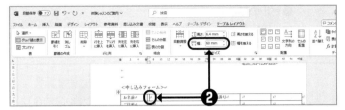

4. 手順1と同様の操作で、3列目の列の幅を自動調整します。
5. 4列目の列の幅を「35mm」に変更します。
6. 続けて、2行目の行の高さを変更します。2行目の任意のセルをクリックし、[テーブルレイアウト]タブの [高さ]（行の高さの設定）ボックスを「20mm」に設定します。

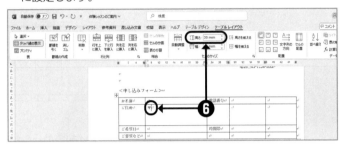

7. 行の高さが変更されます。
8. 同様の操作で、4行目の行の高さを「20mm」に変更します。

●行や列の挿入、削除

Word 2024では、行や列の境界線の左端または上端をポイントすると挿入コントロール（⊕）が表示され、クリックするとその位置に行や列が追加されます。削除するときは、[テーブルレイアウト]タブの [削除]（表の削除）ボタンをクリックし、カーソルのあるセルに対してセル、列、行、表のいずれを削除するのかを指定します。ここでは、表の4行目（「ご要望など」の行）の上に行を追加します。また表の右端の列を削除します。

1. 3行目と4行目の境界線の右端をポイントします。
2. 挿入コントロール（⊕）が表示されるのでクリックします。

3. 「ご要望など」の行の上に、行が挿入されます。
4. 追加した行の1列目に「DM」、2列目に「希望する・希望しない」と文字を入力します。
5. 続けて、表の右端の列を削除します。表の右端の列の任意のセルにカーソルを移動します。
6. [レイアウト]タブの [削除]（表の削除）ボタンをクリックし、一覧から[列の削除]をクリックします。

7. 右端の列が削除されます。

セルの分割

1つのセルを複数のセルに分けることもできます。分割するセルを選択し、[テーブルレイアウト]タブの[セルの分割][セルの分割]ボタンをクリックします。[セルの分割]ダイアログボックスの[列数][行数]の各ボックスに数値を設定し、[OK]をクリックします。

●セルの結合

セルの結合とは、複数のセルをまとめて1つのセルにすることです。ここでは、表の2、4、5行目の2～4列目のセルを行ごとに結合します。

1. 表の2行目の2～4列目のセルを選択します。
2. [テーブルレイアウト]タブの[セルの結合][セルの結合]ボタンをクリックします。

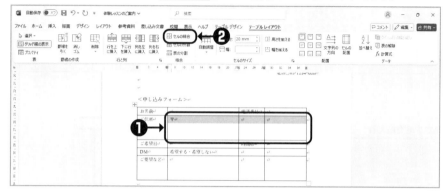

3. 選択したセルが結合されます。
4. 同様の操作で、4行目と5行目の2～4列目のセルをそれぞれ結合します。

●表の配置の変更

最後に表内の文字列の位置と表全体の配置を整えます。ここでは、「〒」以外をセル内の中央揃えにして、表全体を中央揃えで配置します。

1. 「〒」以外の文字の入力されているセルを選択します。
2. [ホーム]タブの[中央揃え]ボタンをクリックします。

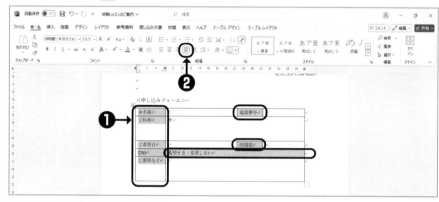

3. 選択したセルの文字列が中央に配置されます。
4. 表の移動ハンドル(⊞)をクリックして、表全体を選択します。

5. [ホーム]タブの[中央揃え]ボタンをクリックします。
6. 表全体が中央揃えで配置されます。

複数のセル範囲を同時に選択

1つ目のセル範囲を選択したあと、**Ctrl**キーを押しながら2つ目以降のセル範囲を選択します。

画像を挿入する

イラストや写真には、伝えたいイメージを補ったり、読む人に興味を持たせたりする効果があります。あらかじめイラストや写真などを画像ファイルとしてコンピューター内に保存しておけば、Word文書に取り込んで効果的な文書を作成できます。ここでは、パンのイラストの画像ファイルを挿入し、画像の周りの文字の折り返しを設定し、画像の配置を変更します。

●画像の挿入
9行目に画像ファイル「パンのイラスト」を挿入します。

1. 9行目の行頭にカーソルを移動します。
2. [挿入]タブの [画像]（画像を挿入します）ボタンをクリックし、[画像の挿入元]の[このデバイス]をクリックします。

3. [図の挿入]ダイアログボックスで、画像が保存されているフォルダーを指定し、画像ファイル[パンのイラスト]をクリックして、[挿入]をクリックします。

4. 画像が挿入されます。

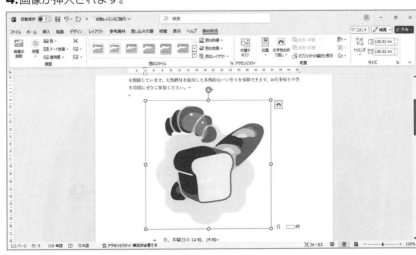

**ストック画像と
オンライン画像**

[画像]（画像を挿入します）ボタンをクリックし、[画像の挿入元]の[ストック画像]をクリックすると、ストック画像の一覧が表示されます。ストック画像はMicrosoft社がMicrosoft 365やOffice 2024の購入者に提供しているロイヤリティフリー（利用規約の範囲内で使用料無料）の素材です。画像（写真）、アイコン、人物の切り絵、ステッカー、イラストのカテゴリがあり、検索して挿入することができます。
[画像]（画像を挿入します）ボタンをクリックし、[画像の挿入元]の[オンライン画像]をクリックしても画像の一覧が表示されますが、こちらはWeb上で提供されている素材で、ライセンス内容（著作権の表示や改変禁止など）を順守して使用する必要があります。

画像の削除

画像を選択して**Delete**キーを押します。

[図の形式]タブ

画像を挿入すると、リボンに[図の形式]タブが追加されます。

文字列の折り返し

画像を選択し、[図の形式]タブの[文字列の折り返し]ボタンをクリックしても、文字列の折り返しの種類の一覧が表示され、設定できます。また、一覧から[その他のレイアウトオプション]をクリックすると、[レイアウト]ダイアログボックスが表示され、[文字列の折り返し]タブで、折り返しの種類、画像の左右どちらに文字列を配置するか、画像と文字列の間隔などの詳細な設定ができます。なお、このダイアログボックスでは右表の種類の[狭く]は[外周]と表記されています。

図形の高さと幅

図形の高さと幅は、Wordの初期値で縦横比を固定する設定になっているため、[図形の高さ]ボックスで数値を指定すると、同じ倍率で[図形の幅]ボックスの数値が自動的に設定されます。

●サイズと文字列の折り返しの変更

画像を選択すると、周囲に枠線とサイズ変更ハンドル（○）が表示されます。この、サイズ変更ハンドル（○）をドラッグしてサイズを変更できます。また、[図の形式]タブの[図形の高さ]ボックスや[図形の幅]ボックスでサイズを指定して変更することも可能です。

文字列の折り返しを変更すると、画像と文字列の配置を調整でき、画像を自由に移動することができます。文字列の折り返しには、次のような種類があります。

種類	配置
[行内]	行内のカーソルの位置に画像が配置されます。
[四角形]	画像の周囲を四角く囲むように文字列が折り返されます。
[狭く]	画像の輪郭に沿って文字列が折り返されます。
[内部]	画像の周囲と内部の空白部分に文字列が配置されます。
[上下]	画像の上と下の行に文字列が配置されます。
[背面]	画像と文字が重なり、画像が文字列の背面に配置されます。
[前面]	画像と文字が重なり、画像が文字列の前面に配置されます。

ここでは、画像の高さを「42mm」に変更し、文字列の折り返しを「四角形」に設定します。さらに画像を箇条書きの右側に配置します。

1. 画像を選択します。
2. [図の形式]タブの[図形の高さ]ボックスを「42mm」に設定します。
3. 画像のサイズが変更されます。

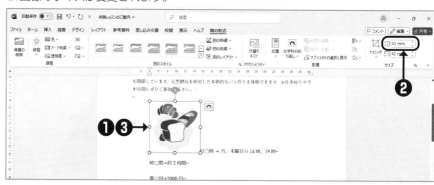

4. 続けて、文字列の折り返しを変更します。[レイアウトオプション]ボタンをクリックし、[文字列の折り返し]の[四角形]をクリックします。
5. 文字列の折り返しが変更され、文字列が画像の横に回り込みます。
6. [レイアウトオプション]の×閉じるボタンをクリックします。

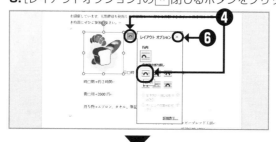

画像の移動

文字列の折り返しが[行内]以外の場合、画像をドラッグして、任意の場所に移動できます。Word 2024では、文書の余白や中央などに合わせて「配置ガイド」という緑の線が表示され、調整が簡単にできます。

7. 画像をポイントし、マウスポインターの形が の状態になったら、箇条書きの右側にドラッグします。

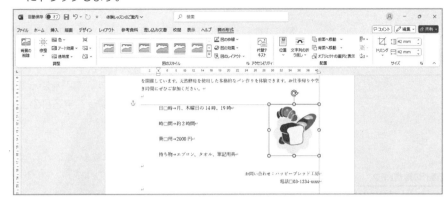

8. 画像の配置が変更されます。

画像にスタイルを適用する

画像を挿入すると、リボンに[図の形式]タブが追加されます。このタブには、文字列の折り返しの変更のほか、画像の色や形状、枠線を変更したり、効果を設定したりするなど、さまざまな編集機能が用意されています。また、形状や枠線、効果の設定を組み合わせた「スタイル」も用意されています。
ここでは、画像に「対角を切り取った四角形、白」のスタイルを適用します。

1. 画像を選択します。
2. [図の形式]タブの[図のスタイル]グループの [クイックスタイル]ボタンをクリックします。

3. 一覧から[対角を切り取った四角形、白]をクリックします。
4. 画像にスタイルが適用されます。

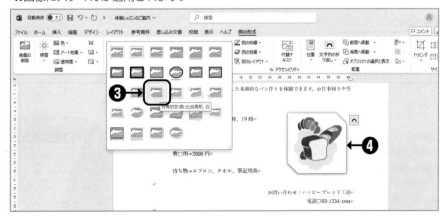

[図の形式]タブ

画像の選択を解除すると非表示になります。

画像の回転

画像の上に表示されている回転ハンドル( )をポイントし、マウスポインターの形が の状態になったら、ドラッグします(ドラッグを始めると に変わります)。**Shift**キーを押しながらドラッグすると、15度ずつ回転できます。

図形を作成する

簡単な地図や見取り図、配置図などは、Wordの図形描画機能で作成することができます。直線、矢印、円、四角形、ブロック矢印、フローチャート、吹き出し、星、リボンなど、さまざまな図形を文書に挿入できます。
ここでは、簡単な図形を2つ作成します。楕円を使ってタイトル「パン作り体験レッスンのご案内」の周囲を縁取り、直線を使って申込書の上に点線を描画します。さらに、図形の色や線の種類を変更します。

[図形の書式]タブ
図形を挿入すると、リボンに[図形の書式]タブが追加されます。

1. 文書をスクロールして、3行目の「体験レッスンのご案内」を表示しておきます。
2. [挿入]タブの [図形▼] [図形] （図形の作成）ボタンをクリックし、[基本図形]の一覧から[楕円]をクリックします。

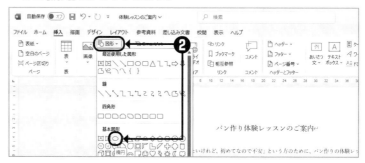

図形の選択
図形はマウスポインターの形が の状態でクリックして選択します。選択された状態のときは、周囲にサイズ変更ハンドル（○）が表示されます。

3. マウスポインターの形が＋の状態になったら、図のような位置にマウスポインターを移動し、右下方向にドラッグします。

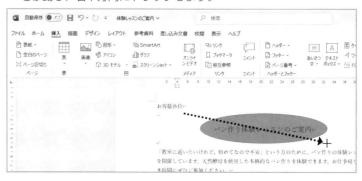

図形の移動
図形を選択して目的の位置までドラッグします。また、図形を選択した状態で方向キーを押すと、位置を微調整できます。

4. 楕円が描画され、文字列の上に配置されます。

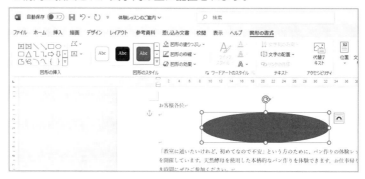

図形のコピー
同じ図形はコピーすると効率的です。図形をコピーするときは、**Ctrl**キーを押しながらドラッグします。コピー先では、マウスのボタンから先に指を離し、次にキーから指を離します。**Shift**キーを押しながら移動やコピーの操作を行うと、水平または垂直方向に移動、コピーできます。

54

図形の色

図形を選択して、[図形の書式]タブの 図形の塗りつぶし▼ [図形の塗りつぶし]ボタンをクリックした一覧の[テーマの色]や[標準の色]から図形の色を選択できます。

5. 図形が選択されている状態で、[図形の書式]タブの 図形の塗りつぶし▼ [図形の塗りつぶし]ボタンをクリックし、[塗りつぶしなし]をクリックします。

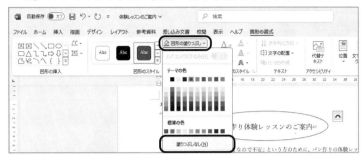

6. 図形の塗りつぶしがなくなり、タイトルの文字列が表示されます。
7. 次に、申し込みフォームとの間を区切る直線を描画します。文書をスクロールして、18行目の「＜申し込みフォーム＞」の上の行を表示しておきます。
8. [挿入]タブの 図形▼ [図形](図形の作成)ボタンをクリックし、[線]の一覧から[線]をクリックします。

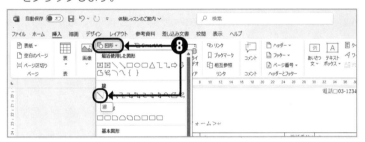

描画する図形の選択

図形が選択されている状態で表示される[図形の書式]タブの[図形の挿入]グループの▼[図形]ボタンをクリックしても図形の一覧が表示され、図形の種類を選択できます。

9. マウスポインターの形が ＋ の状態になったら、17行目（＜申し込みフォーム＞の上の行）にマウスポインターを移動し、**Shift**キーを押しながら横方向にドラッグします。

水平、垂直な線を引く

Shiftキーを押しながらドラッグすると、水平、垂直な線を引けます。

10. 直線が描画されます。
11. 続けて、[図形の書式]タブの 図形の枠線▼ [図形の枠線]ボタンをクリックし、[実線/点線]をポイントし、一覧からの[長破線]をクリックします。
12. 線の種類が長破線に変更されます。

線の色や太さの変更

[図形の書式]タブの 図形の枠線▼ [図形の枠線]ボタンをクリックした一覧の[テーマの色]や[標準の色]から線の色を、[太さ]をポイントして表示される一覧から線の太さを変更できます。

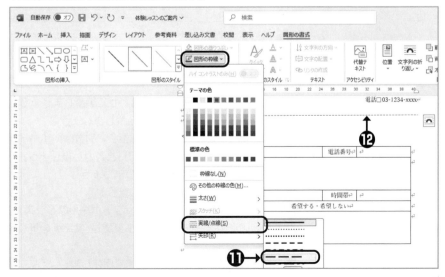

練習問題

1 文書を新規作成し、次のように既定の段落とフォントを設定しましょう。
　配置:「両端揃え」　段落後:「0pt」　行間:「1行」
　フォントサイズ:「10.5」ポイント

2 次のように文字を入力しましょう。

```
20XX年9月2日
学生各位
学生課□杉山

ソフトボール大会のお知らせ
□今年も恒例のソフトボール大会を下記の日程で開催します。参加希望チームの代表は、以下の申込書に必要事項を記入し、9月20日までに学生課：杉山まで提出してください。
□なお、当日は焼き鳥やおにぎり、ドリンク類のサービスや参加賞、応援賞も用意していますので、友人・家族の方もお誘いいただき、応援をよろしくお願いいたします。

　　　　　　　　　　　　　　　記

日時　→　10月8日（土）□午前9集合
場所　→　東川キャンパス□グラウンド

　　　　　　　　　　　　　　　　　　　　　　　　　　以上

切り取り
ソフトボール大会参加申込書
```

3 1行目の発信日、3行目の発信者を右揃えで配置しましょう。

4 5行目の件名、16行目の見出しのフォントサイズを「14」ポイントにし、中央揃えで配置しましょう。

5 12、13行目に約6字分の左インデントを設定しましょう。

6 15行目を中央揃えで配置し、左右に点線(破線)を描画しましょう。

7 17行目に5行2列の表を挿入しましょう。

8 表に次のように文字を入力しましょう。

チーム名	
代表者	氏名
	学部
	携帯電話番号
メンバー	

9 1列目の幅を文字列の長さに合わせて調整しましょう。

10 1列目の2～4行目のセルを結合しましょう。

11 5行2列目のセルを分割しましょう。列数は「1」、行数は「11」に設定します。

12 5行2列目のセルに「氏名(学部)」と入力しましょう。

13 2列目の幅を「85mm」に変更しましょう。

14 表全体を中央揃えで配置しましょう。

15 6行目の行頭に画像ファイル「ソフトボールのイラスト」を挿入しましょう。

16 画像の図形の高さを「35mm」に変更し、文字列の折り返しを「四角形」に設定しましょう。

17 文書を「W-L04-01」という名前で保存しましょう。

問題 4-2

■1 文書を新規作成し、次のように既定の段落とフォントを設定しましょう。
　配置：「両端揃え」　段落後：「0pt」　行間：「1行」
　フォントサイズ：「10.5」ポイント

■2 印刷の向きを「横」に設定しましょう。

■3 次のように文字を入力しましょう。

```
KTS Culture School←
公開講座のご案内（9月）←
←
←
```

■4 1～2行目のフォントサイズを「12」ポイントにし、中央揃えで配置しましょう。
■5 4行目に9行6列の表を挿入しましょう。
■6 表に次のように文字を入力しましょう。
■7 1列目の幅を「50mm」、2列目の幅を「55mm」に設定しましょう。
■8 3～6列目の幅を文字列の長さに合わせて調整しましょう。

講座名	講師	開催日	時間	受講料（会員）	受講料（一般）
源氏物語の色と香り	南原大学文学部教授 沢井一道	9月3日（土）	13:00～14:00	2,700 円	2,970 円
幕末の江戸と京都	折原歴史館学芸員 森下杏子	9月10日（土）	10:00～11:30	2,700 円	2,970 円
リラックスヨガ	河北ヨガ療法学会 山本公太郎	9月13日（火）	15:00～16:30	2,160 円	2,370 円
はじめてのフラメンコ	森のダンス教室主宰 森野美佐	9月14日（水）	14:00～15:30	2,700 円	2,970 円
色鉛筆で小さなイラスト	絵本作家 みずのはるな	9月20日（火）	15:00～17:00	3,020 円	3,320 円
モノのない豊かな暮らし	生活アドバイザー 澤山はるみ	9月23日（金）	10:00～11:30	2,160 円	2,370 円
テーブルコーディネート	インテリアコーディネーター 崎本かおり	9月24日（土）	13:00～15:00	3,020 円	3,320 円
デジカメで野の花を撮る	自然写真家 酒田弘樹	9月28日（水）	10:00～16:00	6,480 円	7,120 円

■9 表の1行目を「中央揃え」、5～6列目の金額を入力したセルの文字列の配置を「右揃え」に設定しましょう。
■10 表全体を中央揃えに配置しましょう。
■11 1～2行目を囲むように図形の「星とリボン」の「スクロール：横」を挿入しましょう。
■12 図形の塗りつぶしをなし、図形の枠線を「標準の色」の「紫」に変更しましょう。
■13 1行目に画像ファイル「講座のイラスト」を挿入しましょう。
■14 画像の高さを「29mm」に変更し、画像の文字列の折り返しを「前面」に設定しましょう。
■15 図のスタイルを「透視投影、影付き、白」に設定して、1～2行目の右端に配置しましょう。
■16 文書を「W-L04-02」という名前で保存しましょう。

問題 4-3

❶ 文書を新規作成し、次のように既定の段落とフォントを設定しましょう。
　配置：「両端揃え」　段落後：「0pt」　行間：「1行」
　フォントサイズ：「10.5」ポイント

❷ 用紙サイズを「B5」に設定しましょう。

❸ 次のように文字を入力しましょう。文書の先頭1行を空白行として、9行目と12～16行目に約2字のインデントを設定します。

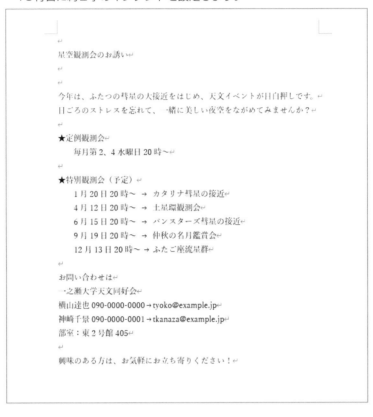

❹ 文書内のすべての文字のフォントを「MS Pゴシック」に設定しましょう。

❺ 2行目の見出しのフォントサイズを「24」ポイントにし、中央揃えで配置しましょう。

❻ 2行目の左上に、「星とリボン」の「星：5pt」の図形を描画しましょう。

❼ 星の図形の塗りつぶしの色を「オレンジ、アクセント2」、枠線を「枠線なし」に設定しましょう。

❽ 星の図形を2行目の右下にコピーしましょう。

❾ 8行目の「★定例観測会」、11行目の「★特別観測会（予定）」、19行目の「一之瀬大学天文同好会」のフォントサイズを「12」ポイントにしましょう。

❿ 12～16行目の文字列を「文字列の幅に合わせた」表に変換しましょう。

⓫ 18行目の「お問い合わせは」の行頭に画像ファイル「天文学のイラスト」を挿入しましょう。

⓬ 画像の図形の高さを「42mm」に設定し、文字列の折り返しを「四角形」に設定しましょう。

⓭ 画像に「楕円、ぼかし」のスタイルを設定しましょう。

⓮ 文書を「W-L04-03」という名前で保存しましょう。

縦横比が同じ図形を描く
図形のボタンをクリックし、**Shift**キーを押しながらドラッグすると、縦横の比率が同じ図形を描くことができます。

Lesson 5 表、画像、図形を使った文書の作成（2）

イベントや新規開店の案内状などは、装飾文字やイラスト、図形といったビジュアルな要素を使って印象的な文書にします。ここでは、表、ワードアート、図形を挿入し、編集する方法を学習します。

キーワード
□□表のスタイル
□□セルの色
□□罫線の太さ、種類
□□表内の文字列の配置
□□ワードアート
□□図形
□□グループ化

このレッスンのポイント

▶ 表のデザインを変更する
▶ セルの色や罫線の太さを変更する
▶ 表内の文字列の配置を整える
▶ ワードアートを作成する
▶ ワードアートを編集する
▶ 図形を編集する

完成例（ファイル名：オープンのお知らせ.docx）

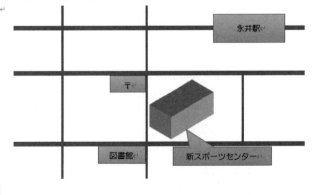

59

表のデザインを変更する

「表のスタイル」の機能を使うと、表全体のデザインを簡単に変更できます。表のスタイルは、罫線の太さや種類、セルの塗りつぶしの色、表内の文字のフォントなどの組み合わせを登録したもので、100種類以上のスタイルが用意されています。また、オプションとして、タイトル行や最初の列などにスタイルを追加するかしないかを選択できます。ここでは、新規文書に表を挿入し、列の幅を変更したり、セルを結合して表の形を整えた後に、表のスタイルを適用し、オプションで集計行（最終行）にスタイルを追加します。

●文書の準備
文書を新規作成し、次のように設定しましょう。
・既定の段落の配置「両端揃え」、段落後「0pt」、行間「1行」、すべての文字のフォント「HG丸ゴシックM-PRO」、フォントサイズ「10.5」ポイントに設定します。
・下図のように文字を入力します。
・1行目の「県民の皆さまへ」のフォントサイズを「12」ポイントに設定します。
・10行目に9行3列の表を挿入し、下図のように文字を入力します。
・表の1列目の幅を「50mm」、2列目の幅を「40mm」、3列目の幅を「25mm」に設定します。
・表の1列目の2～3行目、4～5行目、6～7行目のセル、9行目全体のセルを結合します。
・9行目の「＜利用料金＞」と20行目「＜スポーツセンター周辺図＞」の行頭に約2文字のインデントを設定します。
・「オープンのお知らせ」という名前で保存しておきます。

> **フォントの設定**
> ここではすべての文字のフォントを「HG丸ゴシックM-PRO」にします。[ホーム]タブの[フォント]グループ右下の🔲[フォント]ボタンをクリックし、[フォント]ダイアログボックスの[フォント]タブを表示します。[日本語用のフォント]ボックスの▼をクリックし、一覧から[HG丸ゴシックM-PRO]を選択します。[英数字用のフォント]ボックスの▼をクリックし、一覧から[(日本語用と同じフォント)]または[HG丸ゴシックM-PRO]を選択します。[既定に設定]をクリックし、表示される[Microsoft Word]ダイアログボックスで[この文書だけ]を選択し、[OK]をクリックすると、文書や図形内に入力するすべての文字のフォントが「HG丸ゴシックM-PRO」になります。

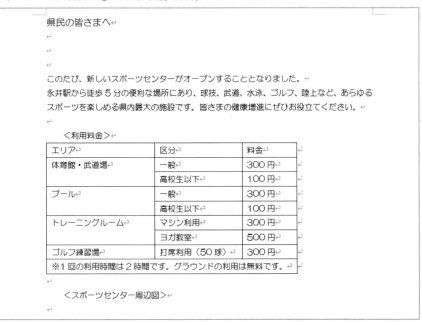

●表のスタイルの設定
1. 表の任意のセルにカーソルを移動します。
2. [テーブルデザイン]タブの[表のスタイル]グループの▼[表のスタイル]ボタンをクリックします。

3. [グリッドテーブル]の一覧から[グリッド(表)4-アクセント1]をクリックします。
4. 表にスタイルが適用されます。

表スタイルのオプション
表に「グリッド(表)4-アクセント1」のスタイルを適用すると、[テーブルデザイン]タブの[表スタイルのオプション]グループの[タイトル行]、[縞模様(行)]、[最初の列]のチェックボックスが自動的にオンになり、タイトル行(先頭行)に他の行より濃い塗りつぶしの色と白色のフォントの色、行に縞模様の塗りつぶし、最初の列に太字が設定されます。解除する場合は、チェックボックスをオフにします。

5. [テーブルデザイン]タブの[集計行]チェックボックスをオンにします。
6. 最終行のスタイルが変更され、上罫線が二重線になります。

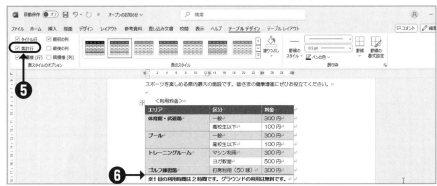

セルの色や罫線の太さを変更する

表のスタイルを適用すると、表全体のデザインが変更されますが、個別に任意のセルの色や罫線の太さ、線種、色を指定することもできます。

●セルの色の変更
表の最終行のセルの色を「テーマの色」の「緑、アクセント6、白+基本色40%」に変更します。

1. 表の最終行を選択します。
2. [テーブルデザイン]タブの[塗りつぶし]ボタンの▼をクリックし、[テーマの色]の一覧から[緑、アクセント6、白+基本色40%]をクリックします。
3. セルの色が緑色に変更されます。

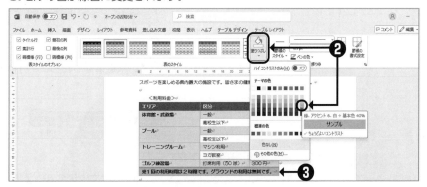

61

●罫線の太さ、種類の変更

ここでは、表の外枠の太さを「1.5pt」、1列目と2列目の間の縦線の線種を二重線に変更します。

1. 表全体を選択します。
2. [テーブルデザイン]タブの [0.5 pt] [ペンの太さ]ボックスの▼をクリックし、一覧から[1.5pt]をクリックします。

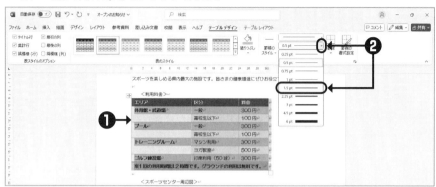

3. [罫線]ボタンの▼をクリックし、一覧から[外枠]をクリックします。
4. 外枠の線が太くなります。

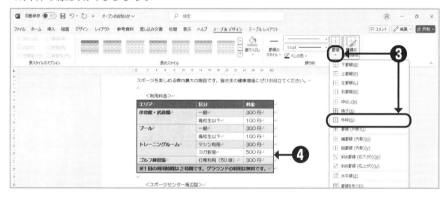

線の色の変更
罫線の色を変更するときは、[テーブルデザイン]タブの [ペンの色]ボタンの▼をクリックし、一覧から使用する色をクリックして、変更する罫線の上をドラッグするか、[罫線]ボタンから罫線の位置を指定します。

5. 続けて、1行目と2行目の間の横線の線種を変更します。表内の任意のセルをクリックします。
6. [テーブルデザイン]タブの [ペンのスタイル]ボックスの▼をクリックし、一覧から下図の二重線をクリックします。

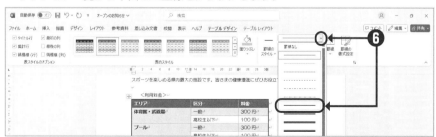

7. マウスポインターの形が の状態になったら、1行目と2行目の間の横線をドラッグします。

8. 二重線に変更されます。
9. Escキーを押して、マウスポインターの形を元の状態に戻します。

表内の文字列の配置を整える

一般的に、表に入力した文字列のうち、数値はセル内で右揃え、行や列の見出しは中央揃えや均等割り付け、その他の内容は左揃えで配置すると読みやすくなります。表内の文字列の配置は、[テーブルレイアウト]タブの[配置]グループにあるボタンをクリックして設定します。セルの縦方向に対して上揃え、中央揃え、下揃え、セルの横方向に対して左揃え、中央揃え、右揃えをそれぞれ組み合わせた全部で9種類の配置から選択します。

表内の文字列の配置
初期設定では、セルの縦方向に対して上揃え、横方向に対して左揃えになっています。

[ホーム]タブのボタンを使った表内の文字列の配置の変更
[ホーム]タブの[中央揃え]ボタンや、[右揃え]ボタンを使ってもセル内の文字列の横方向の配置を変更できます。ただし縦方向の配置は変更できません。

セル内の文字列の均等割り付け
セルを選択して[ホーム]タブの[均等割り付け]ボタンをクリックすると、セル幅で文字列が均等に割り付けられます。文字数を指定して均等割り付けをする場合は、セル内の文字列を選択して、[均等割り付け]ボタンをクリックします。[文字の均等割り付け]ダイアログボックスが表示されるので、[新しい文字列の幅]ボックスで文字数で指定します。

●文字列の配置の変更
ここでは、表の1行目の文字列をセルの上下左右の中央、料金を入力したセルの文字列をセルの上揃えで左右の中央、エリアを入力したセルの文字列をセルの左揃えで上下の中央に配置します。

1. 表の1行目を選択します。
2. [テーブルレイアウト]タブの[中央揃え]ボタンをクリックします。
3. 表の1行目の文字列がセルの上下左右の中央に配置されます。
4. 表の3列目の2〜8行目のセルを選択します。
5. [テーブルレイアウト]タブの[上揃え(中央)]ボタンをクリックします。
6. 表の3列目の2〜8行目の文字列がセルの上揃えで左右の中央に配置されます。
7. 表の1列目の2〜5行目のセルを選択します。
8. [テーブルレイアウト]タブの[中央揃え(左)]ボタンをクリックします。
9. 表の1列目2〜5行目のセルの文字列がセルの左揃えで上下の中央に配置されます。

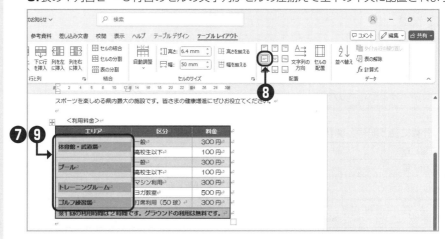

●表の配置の変更
最後に表全体の配置を整えます。ここでは、表を中央揃えで配置します。

1. 表全体を選択します。
2. [ホーム]タブの[中央揃え]ボタンをクリックします。
3. 表全体が中央揃えで配置されます。

活用

表内の文字列の配置を工夫すると、わかりやすい表になります。たとえば、下図では、これまで学習した文字揃えや均等割り付けに、縦書きを組み合わせて設定しています。

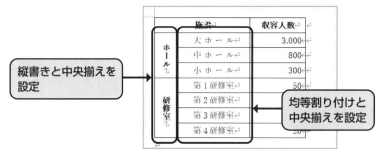

表内の文字列を縦書きにするときは、[テーブルレイアウト]タブの[文字列の方向]ボタンをクリックします。文字列の方向を変更すると、配置を変更するためのボタンの表示が変わります。

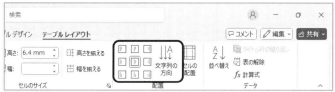

活用

Wordの表では、四則演算や合計、平均などの簡単な計算ができます。計算を行うときには、対象となるセルを下図のように列は左端からA、B、C…、行は1行目から1、2、3…、の順で数えた値で指定します。たとえば、2行2列目のセルは、「B2」となります。

	A	B	C	D
1	商品名	単価	数量	金額
2	コピー用紙A4（箱）	2,600	10	26,000	← 計算式「=B2＊C2」を設定
3	コピー用紙B5（箱）	1,800	5	9,000	← 計算式「=B3＊C3」を設定
4	名刺ホルダーA4縦	1,500	3	4,500	← 計算式「=B4＊C4」を設定
5			合計	39,500	← 計算式「=SUM(ABOVE)」を設定

四則演算には「＋」「－」「＊」「／」の記号を、合計には「SUM」、平均には「AVERAGE」という関数を使います。複数の範囲を計算の対象にするときは、「ABOVE」（対象のセルの上側にあるすべてのセル）や「LEFT」（対象のセルの左側にあるすべてのセル）、「B2:B4」（セルB2からB4）のように範囲を指定します。なお、計算の対象とするセル内の数値、計算式はすべて半角で入力します。

計算に使う記号、関数と計算式の例

足し算	＋（プラス）	=B2+B3	かけ算	＊（アスタリスク）	=B2＊B3
引き算	－（マイナス）	=B2-B3	割り算	／（スラッシュ）	=B2/B3
合計	SUM	=SUM(ABOVE)		上にあるセルの合計を求める	
		=SUM(B2:B4)		セルB2からB4の合計を求める	
平均	AVERAGE	=AVERAGE(LEFT)		左側にあるセルの平均を求める	

1. 計算結果を表示するセルにカーソルを移動します。
2. [テーブルレイアウト]タブの[計算式]ボタンをクリックします。
3. [計算式]ダイアログボックスの[計算式]ボックスに計算式を設定し、[OK]をクリックすると、計算結果が表示されます。

計算結果の表示後に数値を変更した場合は、計算結果の文字列を右クリックし、ショートカットメニューの[フィールド更新]をクリックすると、計算結果が更新されます。

ワードアートを作成する

「ワードアート」は、タイトルなどの目立たせたい文字に、文字の色やサイズ、書体だけでなく、輪郭や影などの特殊効果を設定できる機能です。ここではワードアートでのみ設定可能な効果を使って文書のタイトルを作成します。

●ワードアートの挿入

3行目にワードアートを挿入し、タイトルの文字列を入力します。ワードアートのスタイルは一覧から選択しますが、既定のスタイルでは文字数が多くて2行になってしまうなど見栄えがよくないので、フォントを「HGP創英角ポップ体」、フォントサイズを「32」、文字間隔を「広く」に変更します。

入力済みの文字列をワードアートにする

文書内のワードアートにする文字列を選択してから、[挿入]タブの[ワードアートの挿入]ボタンをクリックし、同様に操作します。

[図形の書式]タブ

ワードアートを挿入すると、リボンに[図形の書式]タブが追加されます。

ワードアートの選択

ワードアート内の文字をクリックすると、周囲に点線の枠線とサイズ変更ハンドル（○）が表示されます。この状態のとき、文字列の折り返しの設定やサイズ変更ができます。ワードアート全体の文字列のフォントやサイズを変更する場合は、枠線上をマウスポインターの形が ✥ の状態でクリックします。枠線が実線に変わり、ワードアート全体が選択されます。
ワードアートの選択を解除するには、ワードアート以外の場所をクリックします。

ワードアートの削除

ワードアートを選択してDeleteキーを押します。

ワードアートのサイズ変更

ワードアートのサイズを変更するには、ワードアートの周囲に表示されているサイズ変更ハンドル（○）を拡大縮小したい方向にドラッグします。

1. 3行目にカーソルを移動します。
2. [挿入]タブの[ワードアート]（ワードアートの挿入）ボタンをクリックし、一覧から[塗りつぶし：プラム、アクセントカラー5；輪郭：白、背景色1；影（ぼかしなし）：プラム、アクセントカラー5]をクリックします。

3. 新しいワードアートがカーソル位置の行の上に挿入され、「ここに文字を入力」という文字が選択されています。
4. ワードアートに「新施設オープンのお知らせ」と入力します。

5. ワードアートの枠線上をクリックしてワードアート全体を選択し、[ホーム]タブの[フォント]ボックスの▼をクリックし、一覧から[HGP創英角ポップ体]をクリックします。
6. [ホーム]タブの[フォントサイズ]ボックスに[32]と入力します。
7. [ホーム]タブの[フォント]グループ右下の[フォント]ボタンをクリックします。
8. [フォント]ダイアログボックスの[詳細設定]タブの[文字幅と間隔]の[文字間隔]ボックスの▼をクリックし、一覧から[広く]をクリックして、[OK]をクリックします。

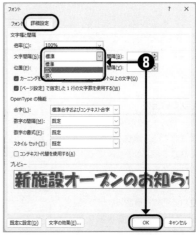

●ワードアートの配置の変更

作成されたワードアートは、タイトルとして文書の左右中央に配置します。本文の文字列と同様に中央揃えの設定をするために、まず文字列の折り返しの設定を「行内」に変更します。

1. ワードアートを選択します。
2. 右側に表示される [レイアウトオプション] ボタンをクリックし、[行内]の [行内] をクリックします。

文字列の折り返し

文字列の折り返しは[図形の書式]タブの[文字列の折り返し]ボタンを使っても設定できます。ボタンをクリックして表示される一覧から折り返し方法を選択します。

3. [レイアウトオプション]の ✕ 閉じるボタンをクリックします。
4. ワードアートが行内に配置されます。
5. ワードアートが配置された行を選択し、[ホーム]タブの [中央揃え]ボタンをクリックします。
6. ワードアートが中央揃えで配置されます。

ワードアートを編集する

●ワードアートの変形

ワードアートをさまざまな形状に変形することができます。ここでは「凹レンズ」に設定します。

1. ワードアートを選択します。
2. [図形の書式]タブの [文字の効果]ボタンをクリックし、[変形]をポイントして、一覧から[凹レンズ]をクリックします。

形状の微調整

ワードアートの中央に表示されている調整ハンドル（〇）をポイントし、マウスポインターの形が▷の状態になったら、表示される曲線を確認しながらドラッグすると形状を微調整できます。

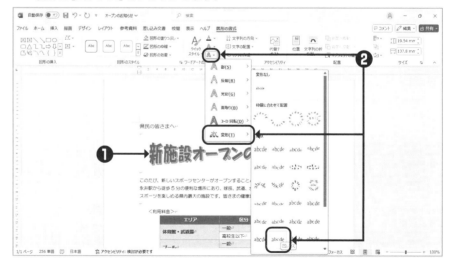

3. ワードアートの形状が変更されます。

活用

ワードアートに設定できる効果としては、[変形]以外に、[影][反射][光彩][面取り][3-D回転]があります。たとえば[反射]の効果では、あらかじめ用意されているさまざまなパターンの反射を選択して設定できます。

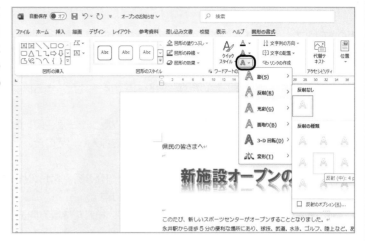

[図形の書式]タブの[ワードアートのスタイル]グループ右下の ⬜ [文字の効果の設定:テキストボックス]ボタンをクリックすると、[図形の書式設定]作業ウィンドウが表示され、影や反射などの表示を数値で細かく調整することができます。

本文中の文字列にも、ワードアートと同様のスタイルや効果を設定することができます。効果を設定したい文字列を選択し、[ホーム]タブの A▼ [文字の効果と体裁]ボタンをクリックすると、スタイルの一覧が表示され、クリックして文字列に設定できます。また、スタイルの下には[文字の輪郭][影][反射][光彩]の項目があり、これらの書式と効果を文字列に設定できます。

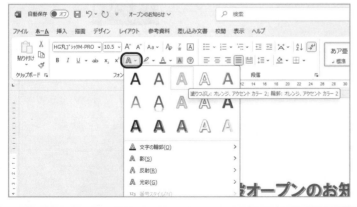

なお、ここには[面取り][3-D回転][変形]の項目は含まれていません。タイトルに面取りなどの効果を設定したい場合は、本文中の文字列ではなくワードアートを使用する必要があります。

図形を編集する

図形を挿入すると、リボンに[図形の書式]タブが追加されます。このタブには、図形の塗りつぶしの色や枠線を変更したり、スタイルや各種の効果を設定したりするなど、さまざまな機能が用意されています。また、図形内の文字にワードアートのスタイルを設定したり、図形の配置を整えたりする機能もあります。

ここでは、<スポーツセンター周辺図>の下に地図を作成します。道路、建物、建物の位置を示す吹き出しを挿入し、その後、図形を編集して地図を仕上げます。

[図形の書式]タブ
図形の選択を解除すると非表示になります。

1. [挿入]タブの[図形]（図形の作成）ボタンをクリックし、[線]の一覧から[線]をクリックします。
2. 図のような位置に、横または縦方向にドラッグして、道路を表す直線を6本描画します。

水平、垂直な線を引く
Shiftキーを押しながらドラッグすると、水平、垂直な線を引けます。

図形の移動
図形をマウスポインターが の状態でクリックして選択し、目的の位置までドラッグすると移動できます。また、方向キーを押すと、位置を微調整できます。

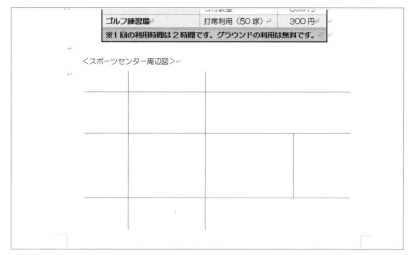

3. 次に[挿入]タブの[図形]（図形の作成）ボタンをクリックし、[四角形]の一覧から[正方形/長方形]をクリックします。
4. 図のような位置に、左上から右下に対角線方向にドラッグして、駅と建物を表す四角形を4つ描画します。

続けて図形を描画する
図形が選択されている状態で表示される[図形の書式]タブの[図形の挿入]グループの[図形]ボタンをクリックしても図形の一覧が表示され、図形の種類を選択できます。

図形のコピー
同じ図形はコピーすると効率的です。図形をコピーするときは、**Ctrl**キーを押しながらコピー先にドラッグします。**Shift**キーを押しながら移動やコピーの操作を行うと、水平または垂直方向に移動、コピーできます。

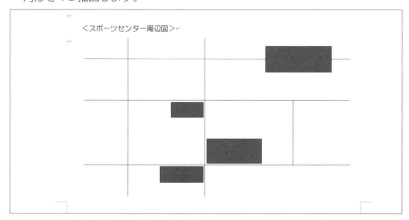

68

5. 最後に吹き出しを描画します。[挿入]タブの[図形▼][図形](図形の作成)ボタンをクリックし、[吹き出し]の一覧から[吹き出し：四角形]をクリックします。

6. 図のような位置に、左上から右下に対角線方向にドラッグして、吹き出しを描画します。

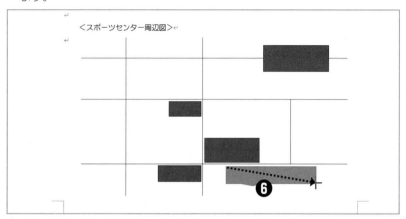

7. 吹き出しの中央にカーソルが表示されている状態を確認し、「新スポーツセンター」と入力します。

8. 吹き出しの先端に表示されている調整ハンドル（○）をマウスポインターの形が▷の状態で上から3つ目の四角形にむかってドラッグして、吹き出しの先端の位置を移動します。

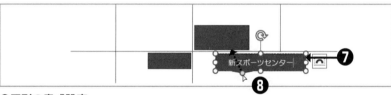

●**図形の書式設定**

直線の線の太さと四角形の塗りつぶしの色を変更します。また、目的の建物に3-D効果を設定して目立たせます。

1. 一番上の横線を選択します。

2. **Shift**キーを押しながら、下の2本の横線を選択します。

3. [図形の書式]タブの[図形の枠線▼][図形の枠線]ボタンの▼をクリックし、[太さ]をポイントして、一覧から[6pt]をクリックします。

4. 直線の太さが変更されます。

複数の図形の選択

複数の図形を同時に選択する場合は、1つ目の図形をクリックして選択後、2つ目以降の図形を**Shift**キーまたは**Ctrl**キーを押しながらクリックして選択します。

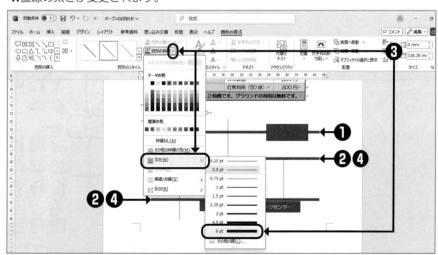

5. 同様の操作で、3本の縦線の太さを「3pt」に設定します。

69

6. 上から1つ目、2つ目、4つ目の四角形を選択します。
7. [図形の書式]タブの[図形のスタイル]グループの [クイックスタイル]ボタンをクリックします。
8. [テーマスタイル]の一覧から[パステル－濃い緑、アクセント3]をクリックします。
9. 四角形の塗りつぶしの色や枠線のスタイルが変更されます。

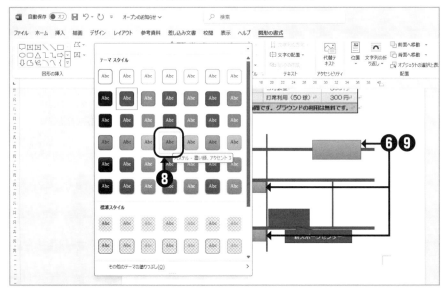

10. 同様の操作で、吹き出しのスタイルを「パステル－濃い青緑、アクセント1」に設定します。
11. 上から3つ目の四角形を選択します。
12. [図形の書式]タブの [図形の塗りつぶし]ボタンの▼をクリックし、[テーマの色]の一覧から[オレンジ、アクセント2]をクリックします。
13. [図形の書式]タブの [図形の枠線]ボタンの▼をクリックし、[枠線なし]をクリックします。
14. 続けて、上から3つ目の四角形に3-D効果を設定します。[図形の書式]タブの [図形の効果]ボタンの▼をクリックし、[3-D回転]をポイントして、[平行投影]の[等角投影：右上]をクリックします。

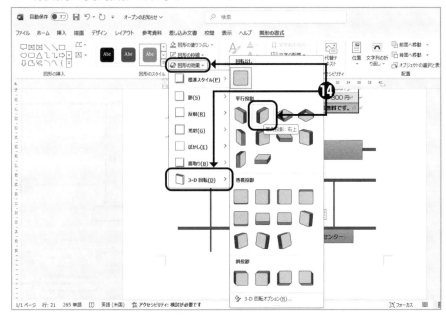

15. [図形の書式]タブの[図形のスタイル]グループ右下の[⤵][図形の書式設定]ボタンをクリックします。
16. [図形の書式設定]作業ウィンドウが表示されるので、[◇][効果]、[3-D書式]の順にクリックし、[奥行き]の[サイズ]ボックスで「40pt」に設定します。
17. 四角形に3-D効果が設定されます。

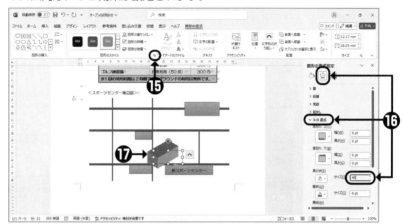

18. [×]閉じるボタンをクリックして、作業ウィンドウを閉じます。
19. 最後に、図形のサイズや配置を見直します。下図を参考に、道路と建物が重ならないようにそれぞれの図形の位置を調整しておきます。

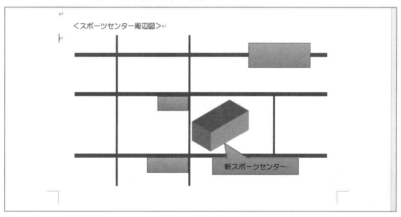

●図形への文字の追加

吹き出しの図形は、描画するとカーソルが表示されすぐに文字が入力できる状態になります。それ以外の図形は、選択してもカーソルは表示されませんが、文字を入力することが可能です。

1. 一番上の四角形を選択します。
2. 「永井駅」と入力します。

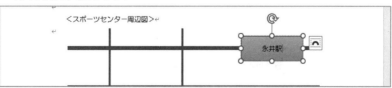

3. 同様の操作で、上から2つ目の四角形に「〒」、4つ目の四角形に[図書館]とそれぞれ入力します。

図形内の文字のフォント

文書を作成する際にすべての文字のフォントを「HG丸ゴシックM-PRO」に設定し、この文書の既定に設定しているので、図形内の文字のフォントも「HG丸ゴシックM-PRO」になります。

●地図全体の仕上げ

それぞれの図形が作成できたら、地図全体の配置を調整して仕上げます。「グループ化」の機能を使うと、複数の図形をまとめて1つの図形のように扱うことができます。グループ化した図形は、位置関係を保ったまま移動したり、同時にサイズを変更したりできます。また、グループ内の個々の図形もそれぞれ編集可能です。ここでは、地図全体をグループ化してから、左右の中央に配置します。

すべての図形の選択

[ホーム]タブの[選択]ボタンをクリックし、[オブジェクトの選択]をクリックして、マウスポインタの形が に変わったら、すべての図形を含むように左上から右下に対角線方向にドラッグしても、すべての図形を選択できます。

グループ化の解除

解除するグループを選択し、もう一度 [オブジェクトのグループ化]ボタンをクリックして、一覧から[グループ解除]をクリックします。

1. すべての線と四角形、吹き出しを、**Shift**キーを押しながらクリックしていきます。
2. すべての図形が選択された状態になり、それぞれの図形の周囲にサイズ変更ハンドル（○）が表示されます。
3. [図形の書式]タブの [オブジェクトのグループ化]ボタンをクリックし、一覧から[グループ化]をクリックします。

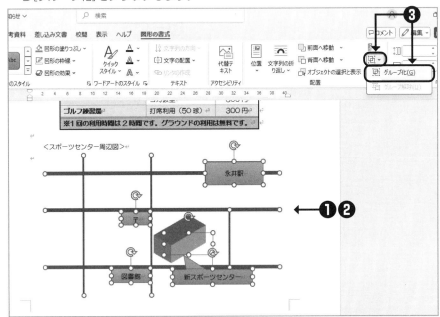

4. 図形がグループ化されます。サイズ変更ハンドルの表示が変わり、グループが選択された状態になります。

地図内の文字のフォント

地図内の文字のフォントが「HG丸ゴシックM-PRO」になっていない場合は、グループを選択した状態で、[ホーム]タブの[フォント]ボックスの▼をクリックし、一覧から[HG丸ゴシックM-PRO]をクリックします。

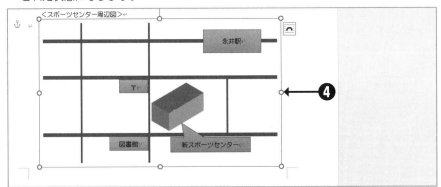

5. 地図全体の配置を変更します。[図形の書式]タブの [オブジェクトの配置]ボタンをクリックし、一覧から[左右中央揃え]をクリックします。
6. 地図全体が中央揃えで配置されます。

活用

以下のような機能を使うと、図形機能の利用の幅が広がります。

[図形の書式]タブの[配置]グループにあるボタン
・ [前面へ移動]ボタン、 [背面へ移動]ボタン
文字やほかの図形がある箇所に図形を描画すると、後から描画した図形は元の文字や図形の上に重なります。
[前面へ移動]ボタン、[背面へ移動]ボタンで、図形と図形、図形と文字の重なる順序を変更できます。
[最前面へ移動]（[最背面へ移動]）…選択した図形がすべての図形の一番上（下）に移動します。
[前面へ移動]（[背面へ移動]）…選択した図形が1つ上（下）に移動します。
[テキストの前面へ移動]（[テキストの背面へ移動]）…選択した図形が文字の上（下）に移動します。

 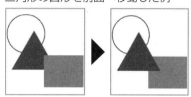

三角形の図形を前面へ移動した例

・ [オブジェクトの配置]ボタン
図形が1つのときは用紙や余白に対する図形の位置を選択できます。複数の図形を選択してボタンをクリックすると、図形同士の配置を選択できます。

元の配置　　　　　　上下中央揃えを設定　　　　　さらに左右に整列を設定

・ [オブジェクトの回転]ボタン
図形を上下、左右に反転したり、90度ごとに回転したりできます。

オブジェクトの選択と表示
図形や図を選択している状態で、[図形の書式]タブの [オブジェクトの選択と表示]（[選択]ウィンドウの表示）ボタンをクリックすると、[選択]作業ウィンドウが表示されます。

一覧から図形の名前をクリックすると、その図形が選択されます。**Ctrl**キーを押しながら連続してクリックすれば、複数の図形が選択できます。ここで図形の上下関係を入れ替えたり、表示／非表示を切り替えたりすることも可能です。ページ上に多数の図形を配置していて、下に隠れた図形を操作しづらい場合などに利用すると便利です。

練習問題

❶文書を新規作成し、次のように既定の段落とフォントを設定しましょう。
　配置：「両端揃え」　段落後：「0pt」　行間：「1行」
　フォントサイズ：「10.5」ポイント

❷次のように文字を入力しましょう。

```
No.03008
20XX年12月2日
長倉□結衣□様

納□品□書

カントリーフーズ株式会社
〒542-0062
大阪府大阪市中央区上本町西0-0-XX
電話：06-0000-1234
FAX：06-0000-5678

このたびはご注文ありがとうございました。
下記の商品をお届けいたしますので、ご確認くださいませ。
今後とも当店をご愛顧賜りますよう、よろしくお願い申し上げます。



商品に関するお問い合わせなどがございましたら、下記のコールセンターまでご連絡ください
いますようお願いいたします。
```

❸1～2行目の文書番号、発信日を右揃えで配置しましょう。
❹3行目の受信者のフォントサイズを「12」ポイントにし、下線を設定しましょう。
❺5行目の件名のフォントサイズを「16」ポイントにし、中央揃えで配置しましょう。
❻7～11行目の発信者の行頭が約24字の位置に揃うように左インデントを設定しましょう。
❼17行目に6行5列の表を挿入しましょう。
❽表に次のように文字を入力しましょう。
❾列の幅をそれぞれ次のように設定しましょう。
　1列目「20mm」、2列目「65mm」、3列目「20mm」、4列目「20mm」、5列目「25mm」

商品番号	商品名	単価	数量	金額
15-034	北の大地ナチュラルチーズ	1,200	2	
18-100	有機栽培レギュラーコーヒー	1,060	3	
18-215	ストレートぶどうジュース	1,200	3	
20-062	本格インドカレーとナンのセット	3,150	1	
			合計	

❿2～5行目の5列目に、各商品の「単価」と「数量」をかける計算式を設定しましょう。
⓫6行5列目に、すべての商品の「金額」の合計を求める計算式を設定しましょう。
⓬表に「表（一覧）」の「一覧（表）6カラフル」のスタイルを適用し、表スタイルのオプションで集計行のスタイルを追加しましょう。
⓭表の1行目の文字列の配置を「中央揃え」（上下左右の中央）に設定しましょう。
⓮数値を入力したセル、および「合計」と入力したセルの文字列の配置を「上揃え（右）」に設定しましょう。

⑮最終行以降に「基本図形」の「フレーム」を挿入しましょう。
⑯図形のスタイルを「パステル－濃い緑、アクセント3」に設定しましょう。
⑰図のように文字を入力しましょう。

> 商品に関するお問い合わせなどがございましたら、下記のコールセンターまでご連絡くださいますようお願いいたします。
>
> 　　　　　商品についてのご質問　→　0120-000-000
> 　　　　　返品・交換について　　→　0210-000-001
> 　　　　　　　＜受付時間 9:00～21:00＞

⑱文書を「W-L05-01」という名前で保存しましょう。

①文書を新規作成し、次のように既定の段落とフォントを設定しましょう。
　配置：「両端揃え」　段落後：「0pt」　行間：「1行」
　すべての文字のフォント：「MSゴシック」、フォントサイズ：「10.5」ポイント
②次のように文字を入力しましょう。文書の先頭2行を空白行として、3行目から文字を入力します。

> 来月よりゴミの分別方法を従来の8分別から12分別に変更しますので、ご周知ください。
> 不明点は総務部：高尾（内線131）までご連絡ください。
>
> 缶□□ビン□□ペットボトル□□可燃ゴミ□□生ゴミ□□不燃ゴミ
> 古紙□□その他のゴミ
>
>
> 缶□□ビン□□ペットボトル□□可燃ゴミ□□生ゴミ□□不燃ゴミ
> 新聞・チラシ□□雑誌□□オフィス用紙□□その他紙類
> 容器包装プラスチック類□□その他のゴミ
>
>
>
> なお、ゴミ収集コーナーを給湯室奥に移動しました（各フロア共通）。

③1行目にワードアートを使って「ゴミの分別収集にご協力ください！」というタイトルを挿入しましょう。ワードアートのスタイルは「塗りつぶし：オレンジ、アクセントカラー2；輪郭：オレンジ、アクセントカラー2」を選択します。
④ワードアートのフォントサイズを「26」、文字間隔を「狭く」にしましょう。
⑤ワードアートの文字列の折り返しを「行内」にし、中央揃えにしましょう。
⑥ワードアートの形状を「凹レンズ」にし、影を「外側」の「オフセット：下」にしましょう。
⑦6～7行目、10～12行目を太字にし、中央揃えで配置しましょう。
⑧11～12行目の「新聞・チラシ」「雑誌」「オフィス用紙」「その他紙類」「容器包装プラスチック類」のフォントの色を「標準の色」の「赤」に設定しましょう。
⑨6～12行目の文字を囲むように、「基本図形」の「四角形：メモ」の図形を描画しましょう。
⑩図形の塗りつぶしの色を「テクスチャ」の「セーム皮」に設定しましょう。

75

⑪図形をテキストの背面へ移動しましょう。
⑫7行目と10行目の間に「ブロック矢印」の「矢印：下」の図形を描画しましょう。
⑬矢印の塗りつぶしの色を「テーマの色」の「黒、テキスト1」に設定しましょう。
⑭メモの図形と矢印の図形同士の配置を左右中央揃えにしましょう。
⑮15行目に4行2列の表を挿入しましょう。
⑯表に文字を入力しましょう（変更点の「1」と「2」の数字は全角で入力します）。
⑰列の幅を1列目「15mm」、2列目は文字列の長さに合わせて調整しましょう。

変更点1	古紙について
	「新聞・チラシ」「雑誌」「オフィス用紙」「その他紙類」に分別 ※個人情報や機密情報が記載されたものはシュレッダーで処理してください。
変更点2	「プラ」マークの付いたものについて
	「資源ゴミ」として分別 ※食品トレイ、弁当箱、ラップ、レジ袋、パッケージなど

⑱1列目の1～2行目と3～4行目のセルを結合し、1列目の文字列を縦書きに設定しましょう。
⑲表に「一覧（表）2－アクセント2」の表のスタイルを適用し、表スタイルのオプションでタイトル行のスタイルを解除しましょう。
⑳1列目の文字列の配置を「中央揃え」（上下左右の中央）に設定しましょう。
㉑表の下の「なお、ゴミ収集コーナーを…」の文字列のフォントサイズを「12pt」に設定しましょう。
㉒最終行以降に下図のような見取り図を作成しましょう。その際、以下の条件を満たすようにしましょう。
　・「四角形」の「正方形／長方形」の図形と、「吹き出し」の「吹き出し：線」の図形を使います。
　・フロアを表す四角形のスタイルを「パステル－黒、濃色1」にします。
　・収集コーナー以外の部屋を表す四角形のスタイルを「パステル－濃い青緑、アクセント1」にします。
　・収集コーナーを表す四角形のスタイルを「パステル－オレンジ、アクセント2」にします。
　・吹き出しのスタイルを「枠線のみ－濃い青緑、アクセント1」にします。
　・すべての図形をグループ化します。
　・図形内の文字列をすべて「MSゴシック」にします。

㉓文書を「W-L05-02」という名前で保存しましょう。

Lesson 6 図やグラフで情報を伝える文書の作成

組織の構成などは、図解するとひと目で情報を伝えられます。また、資料や報告書の数値データは、グラフにすると傾向や概要を視覚的に伝えられます。ここでは、架空の国の経済情勢をまとめたレポートに図やグラフを挿入し、編集する方法を学習します。

キーワード
- SmartArt
- テキストウィンドウ
- 図形の追加
- グラフ
- テキストボックス

このレッスンのポイント

▶ SmartArtを作成する
▶ SmartArtを編集する
▶ グラフを作成する
▶ グラフを編集する
▶ テキストボックスを作成する
▶ テキストボックスを編集する

完成例（ファイル名：アマルコ共和国経済の現状.docx）

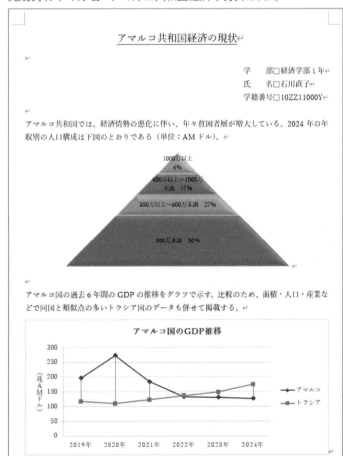

SmartArtを作成する

「SmartArt」（SmartArtグラフィック）は、組織図やピラミッド図、循環図などの図を文書に挿入する機能です。複数の図形を組み合わせて構成されており、100種類以上のパターンが用意されています。作成したい図のイメージに近いものを選び、必要に応じて文字や図形を追加、削除して完成させます。

●文書の準備
文書を新規作成し、次のように設定しましょう。
・既定の段落の配置「両端揃え」、段落後「0pt」、行間「1行」、フォントサイズ「10.5」ポイントに設定します。
・下図のように文字を入力します。
・1行目のタイトルのフォントサイズを「14」ポイントにし、下線を設定し、中央揃えで配置します。
・3～5行目に約29文字分の左インデントを設定します。
・3～4行目の「学部」「氏名」に4字分の均等割り付けを設定します。
・「アマルコ共和国経済の現状」という名前で保存しておきます。

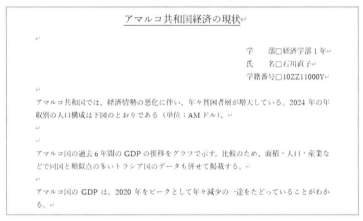

●SmartArtの挿入
9行目に「ピラミッド」の「基本ピラミッド」のSmartArtを挿入します。

1. 9行目にカーソルを移動します。
2. [挿入]タブの [SmartArt]（SmartArtグラフィックの挿入）ボタンをクリックします。
3. [SmartArtグラフィックの選択]ダイアログボックスの左側の種類から[ピラミッド]をクリックし、中央のパターンから[基本ピラミッド]をクリックして、[OK]をクリックします。

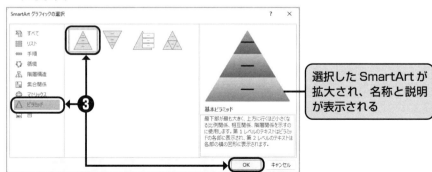

選択したSmartArtが拡大され、名称と説明が表示される

4. SmartArtが挿入されます。

[SmartArtのデザイン]タブと[書式]タブ
SmartArtを挿入すると、リボンに[SmartArtのデザイン]タブと[書式]タブが追加されます。

SmartArtの削除
SmartArtの枠または図形以外の背景部分をクリックしてSmartArt全体を選択し、**Delete**キーを押します。

テキストウィンドウの表示

テキストウィンドウが表示されない場合は、[SmartArtのデザイン]タブの [テキスト ウィンドウ] [テキストウィンドウ]ボタンをクリックします。

文字の修正

入力を間違えたときは文書内の文字と同様に**Delete**キーや**Back Space**キーで削除して修正します。行頭の「・」を削除すると、図形が削除されたり、レベルが変更されたりするので、注意が必要です。

文字の入力

テキストウィンドウを使用せず、個々の図形をクリックしても文字を入力できます。

●SmartArtへの文字の入力

SmartArtを選択すると、「テキストウィンドウ」という、文字を入力するためのウィンドウが表示されます。テキストウィンドウに文字を入力すると、SmartArtの対応する図形に文字が表示されます。ピラミッドに文字を入力しましょう。

1. SmartArtを選択し、テキストウィンドウを表示します。
2. テキストウィンドウの1行目にカーソルを移動し、「1000万以上　6％」と入力します。
3. ピラミッドの一番上の図形に、入力した文字が表示されます。
4. 同様の操作で、下図のように文字を入力します。
   テキストウィンドウ内は方向キーでカーソルを移動できます。

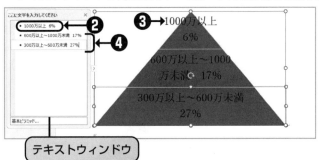

テキストウィンドウ

5. テキストウィンドウの ✕ 閉じるボタンをクリックして、テキストウィンドウを閉じます。

SmartArtを編集する

SmartArtを挿入すると、リボンに[SmartArtのデザイン]タブと[書式]タブが追加されます。これらのタブには、SmartArtの構造やレイアウト、色、スタイルを変更したり、SmartArt内の個々の図形や文字に書式を設定したりするなど、さまざまな編集機能が用意されています。

[SmartArtのデザイン]タブと[書式]タブ

SmartArtの選択を解除すると非表示になります。

●図形の追加

挿入されたSmartArtの図形に過不足があるときは、「図形の追加」や削除を行い、必要な情報が表示できるように加工します。図形を追加するときは、追加する図形の位置やレベルを指定します。ここでは、「300万以上～600万未満　27％」の図形の下に1つの図形を追加します。

SmartArt内の図形の選択

図形をポイントし、マウスポインターの形が の状態になる位置でクリックします。Iの状態になる位置でクリックするとカーソルが表示され、図形内の文字が編集できる状態になります。

1. 「300万以上～600万未満　27％」の図形を選択します。
2. [SmartArtのデザイン]タブの [図形の追加] [図形の追加]ボタンの▼をクリックし、一覧から[後に図形を追加]をクリックします。

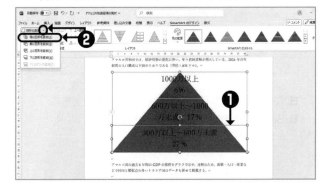

79

図形の削除
不要な図形を削除するときは、図形を選択してDeleteキーを押します。

3.「300万以上〜600万未満　27%」の下に図形が追加されます。
4.追加した図形が選択されている状態で、「300万未満　50%」と入力します。

●サイズと配置の変更
作成されたSmartArtは少し大きいので、見栄えのよいサイズに縮小します。また、ピラミッドの各段は同じ大きさになっていますが、一番下の段を少し大きくします。
サイズが調整できたら、SmartArtをページの中央に配置します。

1.SmartArtを選択します。
2.[書式]タブの[サイズ]（SmartArtのサイズ）ボタンをクリックし、[高さ]（図形の高さ）ボックスを「55mm」、[幅]（図形の幅）ボックスを「111mm」に設定します。
3.SmartArtの大きさが変更されます。
4.「300万未満　50%」の図形を選択します。
5.図形の上に表示されるサイズ変更ハンドル（○）をポイントし、マウスポインターの形が↕の状態になったら上方向にドラッグして、この図形を縦方向に拡大します。

マウスポインターの形
ドラッグを始めると、マウスポインターの形は＋に変わります。

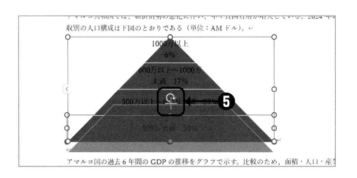

6.図形の大きさが変更されます。
7.SmartArtのある行を選択し、[ホーム]タブの[中央揃え]をクリックします。

●色とスタイルの変更
SmartArtの色を「カラフル」の「カラフル－全アクセント」、スタイルを「3-D」の「パウダー」に変更します。

1.SmartArtを選択します。
2.[SmartArtのデザイン]タブの[色の変更]ボタンをクリックし、[カラフル]の一覧から[カラフル－全アクセント]をクリックします。
3.SmartArtの色が変更されます。
4.続けて、スタイルを変更します。[SmartArtのデザイン]タブの[SmartArtのスタイル]グループの[クイックスタイル]ボタンをクリックします。

グラフィックのリセット
[SmartArtのデザイン]タブの[グラフィックのリセット]ボタンをクリックすると、色やスタイルの設定が解除され、挿入時の状態に戻ります。なお、入力した文字や図形の追加、レイアウトの変更は元に戻りません。

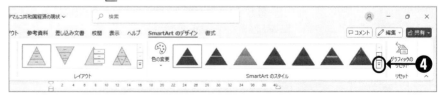

5.[3-D]の一覧から[パウダー]をクリックします。
6.SmartArtのスタイルが変更されます。

> 活用

SmartArtは、ほかにもいろいろなアレンジができます。

・SmartArtのサイズや位置を変更する
SmartArtのサイズをドラッグして直接変更したい場合は、枠の四隅および縦横の中央に表示されているサイズ変更ハンドル（○）をポイントし、マウスポインターの形が や の状態になったら、拡大縮小したい方向にドラッグします。サイズを変更すると、SmartArt内の個々の図形や文字のサイズや配置が自動的に調整されます。
Shiftキーを押しながら四隅のサイズ変更ハンドルをドラッグすると、元の縦横比を保ったままサイズを変更できます（ワードアートや図形、グラフも同様です）。
SmartArtを移動する場合は、SmartArtの枠をポイントし、マウスポインターの形が の状態になったら、移動先までドラッグします。任意の位置に移動するときは、 [レイアウトオプション]ボタンをクリックするか[書式]タブの [配置]ボタンをクリックして [文字列の折り返し]ボタンをクリックし、文字列の折り返しを[行内]以外に設定してから移動します。

・SmartArtに画像を追加する
[画像付き横方向リスト]など、SmartArtの図形に が表示されているものは、図形内に写真などの画像ファイルを挿入できます。 をクリックし、表示される[図の挿入]ウィンドウで挿入する画像を選択します。

・SmartArtの個々の図形や背景を編集する
[書式]タブの[図形]グループや[図形のスタイル]グループにあるボタンを使うと、SmartArt内の個々の図形や背景のサイズや色、枠線、効果、スタイルなどの設定ができます。対象となる図形を選択してから、各ボタンをクリックして設定します。設定できる内容は、SmartArtのパターンや選択している対象によって異なります。

・SmartArt内の文字を編集する
文書内の他の文字と同様に、[ホーム]タブのボタンを使ってフォントやフォントサイズ、中央揃えなどの書式を設定できます。また、[書式]タブの[ワードアートのスタイル]グループにあるボタンを使って、文字の色や輪郭、効果、ワードアートのスタイルの設定ができます。

グラフを作成する

数値データは、表やグラフを使用するとわかりやすく提示できます。データの詳細を示すときは表、傾向や概要の大まかなイメージを伝えるときはグラフが効果的です。Wordでグラフを作成するときは、まずグラフの種類を選択します。サンプルのデータが入力されたグラフと、データを編集するためのワークシートの画面が表示されるので、実際に必要なデータに書き換えます。

●グラフの挿入

13行目に2つの国のGDPの推移を示す折れ線グラフを挿入します。

1. 13行目にカーソルを移動します。
2. [挿入]タブの [グラフ]（グラフの追加）ボタンをクリックします。
3. [グラフの挿入]ダイアログボックスの左側の種類から[折れ線]をクリックし、右側の一覧から[マーカー付き折れ線]をクリックして、[OK]をクリックします。

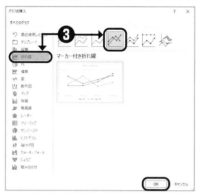

[グラフのデザイン]タブと[書式]タブ

グラフを挿入すると、リボンに[グラフのデザイン]タブと[書式]タブが追加されます

データ範囲

ワークシートで青い枠で囲まれている範囲をデータ範囲といいます。グラフにはデータ範囲内のデータが表示されます。データを入力しながら**Tab**キーでセルを移動すると、データ範囲は自動的に拡張されます。

グラフの削除

グラフの枠線、またはポイントすると「グラフエリア」と表示される箇所をクリックしてグラフ全体を選択し、**Delete**キーを押します。

4. グラフが挿入されます。さらに、Word文書の画面上にグラフの基になるサンプルデータが入力されたワークシートが表示されます。
5. ワークシートの「系列1」と入力されたセル（セルB1）をクリックし、「アマルコ」と入力して、**Tab**キーを押します。
6. 同様の操作で、下図のようにワークシートのサンプルデータを変更します。「系列3」の列は入力せずにそのまま**Tab**キーを押します。

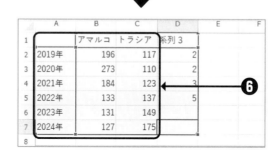

7. ワークシートに入力したデータが反映されていることを確認します。

グラフの移動とコピー

ワードアートや画像と同様に枠線をドラッグすると移動、**Ctrl**キーを押しながらドラッグするとコピーできます。文字列の折り返しを[行内]以外に設定すると、任意の位置に移動、コピーできます。

グラフのデータの変更

挿入したグラフのデータを変更する場合は、グラフを選択し、[グラフのデザイン]タブの[データの編集]ボタンをクリックします。ワークシートが表示されるので、必要なデータを修正します。

8. 「系列3」のデータは不要なのでデータ範囲を変更してグラフに表示されないようにします。セルD7以外のセルをクリックしてから、データ範囲の青い枠線の右下をポイントし、マウスポインターの形が↘の状態に変わったら、左方向へ1列分ドラッグします。

9. グラフから「系列3」のデータが削除されます。
10. タイトルバーの × 閉じるボタンをクリックしてワークシートを閉じます。
11. グラフのサイズを調整します。グラフも他の画像と同様にドラッグしてサイズを変更できますが、ここでは大きさを数値で指定します。グラフを選択し、[書式]タブの[図形の高さ]ボックスを「65mm」に設定します。

活用

Wordで作成できるグラフには16種類の分類があり、さらにその中に数種類の形の異なるグラフが用意されています。グラフの目的を考えて、適切なグラフを選びましょう。たとえば、棒グラフは項目間の比較や推移、折れ線グラフは時間の経過に伴う項目の変化、円グラフは項目が全体に占める割合、レーダーグラフは項目のバランスを表すのにそれぞれ適しています。

棒グラフの例

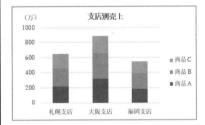

折れ線グラフの例

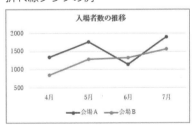

円グラフの例

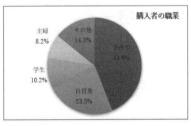

レーダーグラフの例

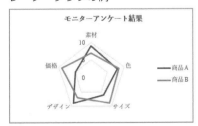

なお、挿入したグラフの種類を変更する場合は、グラフを選択し、[グラフのデザイン]タブの[グラフの種類の変更]ボタンをクリックします。[グラフの種類の変更]ダイアログボックスが表示されるので、使用するグラフの種類を選択し、[OK]をクリックします。

グラフを編集する

グラフを挿入すると、リボンに[グラフのデザイン]タブと[書式]タブが追加されます。これらのタブには、グラフの種類やデータ、レイアウトを変更したり、スタイルを設定したりするなど、さまざまな編集機能が用意されています。

●グラフのスタイルの変更
グラフに「スタイル11」を設定して、グラフ全体のデザインを変更します。

1. グラフを選択します。
2. [グラフのデザイン]タブの[グラフスタイル]グループの ▽ [クイックスタイル]ボタンをクリックします。

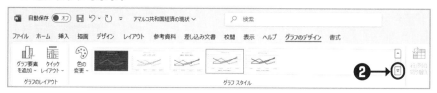

3. 一覧から[スタイル11]をクリックします。
4. グラフのスタイルが変更されます。

●グラフのレイアウトの変更
挿入したグラフの種類によって、グラフのタイトルの有無や凡例の位置などが異なるレイアウトのパターンが何種類か用意されています。
ここでは、グラフのレイアウトを「レイアウト10」に変更し、グラフタイトルと縦軸のラベルを入力して、フォントサイズや文字の方向を整えます。また、横軸のラベルは削除します。

1. グラフを選択します。
2. [グラフのデザイン]タブの [クイックレイアウト]ボタンをクリックします。
3. 一覧から[レイアウト10]をクリックします。
4. グラフのレイアウトが変更されます。
5. グラフのタイトルを入力します。「グラフタイトル」の文字の上をクリックしてグラフタイトルを選択します。

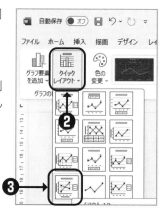

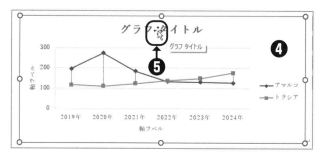

[グラフのデザイン]タブと[書式]タブ
グラフの選択を解除すると非表示になります。

グラフのスタイルの変更
グラフを選択して右側に表示される[グラフスタイル]ボタンをクリックしても、グラフのスタイルの一覧が表示され、選択して変更することができます。

グラフのタイトルやラベルの選択
タイトルやラベルを選択し、マウスポインターの形が の状態になる位置でクリックします。Ｉの状態になる位置でクリックすると、カーソルが表示され文字が編集できる状態になります。

6.「グラフタイトル」という文字をドラッグして選択し、「アマルコ国のGDP推移」と入力します。

7. グラフエリアをクリックすると、グラフタイトルが確定します。
8. 同様の操作で、縦軸の「軸ラベル」を「(兆AMドル)」(「AM」は全角)に変更します。
9. 横軸の「軸ラベル」を選択し、**Delete**キーを押します。
10. 横軸のラベルが削除されます。
11. グラフタイトルのフォントサイズを変更します。グラフタイトルを選択し、[ホーム]タブの[フォントサイズ]ボックスの▼をクリックして、一覧から[11]をクリックします。
12. グラフタイトルのフォントサイズが変更されます。
13. 縦軸の軸ラベルを縦書きにします。縦軸の軸ラベルを選択し、[書式]タブの 「選択対象の書式設定」 [選択対象の書式設定]ボタンをクリックします。
14. [軸ラベルの書式設定]作業ウィンドウが表示されるので、[文字のオプション]、[レイアウトとプロパティ]の順にクリックし、[テキストボックス]の[文字列の方向]ボックスの▼をクリックし、[縦書き]をクリックします。

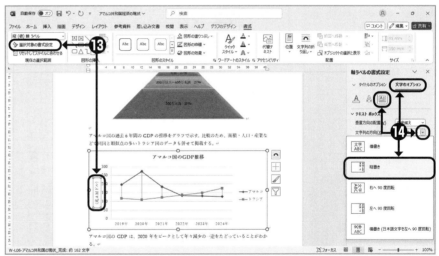

15. 軸ラベルの向きが変更されます。
16. ×閉じるボタンをクリックして、作業ウィンドウを閉じます。

活用

グラフは、グラフタイトル、軸ラベル、軸、目盛線、プロットエリア、データ系列、凡例など、さまざまな要素から構成されています。グラフの種類によって構成要素は異なります。
グラフを構成する個々の要素もそれぞれ編集できます。[書式]タブでは、グラフ要素の色や枠線などの書式を設定できます。各要素をポイントすると、要素の名前がポップアップで表示され、クリックすると選択できます。現在選択されているグラフ要素は、[書式]タブの[現在の選択範囲]グループにある[グラフ要素]ボックスで確認できます。

テキストボックスを作成する

「テキストボックス」を使用すると、文書内の自由な位置に文字を配置できます。横書きのテキストボックスと縦書きのテキストボックスがあり、本文とは異なる書式を設定できるので、文書の一部分だけを縦書きにしたり、トピックスなどを枠で囲んで目立たせたり、図やグラフの補足的な情報を掲載したりするときに便利です。
テキストボックスを挿入するには、テキストボックスを作成してから文字を入力する方法と、入力済みの文字をテキストボックスに変換する方法があります。
ここでは、14～15行目に入力済みの文字を横書きのテキストボックスに変換し、文字のフォントサイズとテキストボックスのサイズをそれぞれ変更します。

1. 14～15行目を選択します。
2. [挿入]タブの [テキストボックス]（テキストボックスの選択）ボタンをクリックし、一覧から[横書きテキストボックスの描画]（テキストボックスの作成）をクリックします。
3. 14～15行目の文字が入力された状態のテキストボックスが挿入されます。

4. フォントサイズを変更します。[ホーム]タブの[フォントサイズ]ボックスの▼をクリックし、一覧から[10]をクリックします。
5. フォントサイズが変更されます。
6. 続けて、テキストボックスのサイズを変更します。テキストボックスのサイズは文字の量に合わせて自動的に調整されますが、手動でも変更できます。テキストボックスの左側中央のサイズ変更ハンドル（○）をポイントし、マウスポインターの形状が⇔の状態になったら、下図のように右方向にドラッグします。

7. テキストボックスのサイズが変更されます。
8. テキストボックスの枠線をドラッグして、行のほぼ中央に移動します。

テキストボックスの選択
テキストボックスの枠線をクリックするとテキストボックス全体が選択され、周囲にサイズ変更ハンドル（○）が表示されます。テキストボックス内をクリックするとカーソルが表示され、文字が編集できる状態になります。

テキストボックスの削除
テキストボックス全体を選択して**Delete**キーを押します。

マウスポインターの形
ドラッグを始めると、マウスポインタの形は＋に変わります。

テキストボックスの移動とコピー
テキストボックスの枠線をポイントした状態で、ドラッグすると移動、**Ctrl**キーを押しながらドラッグするとコピーできます。

活用
テキストボックスを作成してから文字を入力する場合は、まず、[挿入]タブの [テキストボックス]（テキストボックスの選択）ボタンをクリックし、一覧から[横書きテキストボックスの描画]（テキストボックスの作成）または[縦書きテキストボックスの描画]をクリックするか、[挿入]タブの [図形]（図形の作成）ボタンをクリックし、[基本図形]の一覧から [テキストボックス]または [縦書きテキストボックス]をクリックします。マウスポインターの形が＋の状態になったら、テキストボックスを挿入したい位置にマウスポインターを移動して対角線方向にドラッグします。テキストボックスが描画され、図形内にカーソルが表示された状態になったら文字を入力します。なお、この方法ではテキストボックスのサイズは文字の量に合わせて自動的に調整されません。

テキストボックスを編集する

テキストボックスを挿入すると、リボンに[図形の書式]タブが追加されます。このタブには、テキストボックスの色や枠線を変更したり、図形やワードアートのスタイルや影効果、3-D効果を設定したりするなど、さまざまな機能が用意されています。これらの設定は、図形に書式を設定するときと同じ操作方法で行えます。

テキストボックス内の文字は水平方向、垂直方向の配置やテキストボックスの枠との間隔を設定できます。
ここでは、テキストボックスの内部の余白を設定します。

1. テキストボックスを選択します。
2. [図形の書式]タブの[ワードアートのスタイル]グループ右下の [文字効果の設定：テキストボックス]ボタンをクリックします。
3. [図形の書式設定]作業ウィンドウが表示されるので、[文字のオプション]の [レイアウトとプロパティ]をクリックし、[左余白][右余白]を「3㎜」、[上余白][下余白]を「2㎜」に設定します。

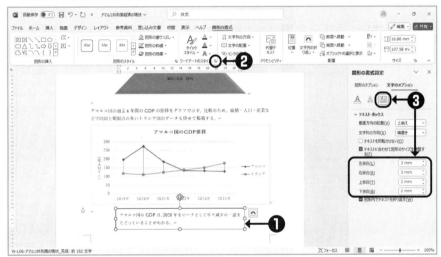

4. テキストボックス内の余白が変更されます。
5. × 閉じるボタンをクリックして、作業ウィンドウを閉じます。

[図形の書式]タブ
[図形の書式]タブは、テキストボックスの選択を解除すると非表示になります。

水平方向、垂直方向の配置
水平方向の配置は、[ホーム]タブの[中央揃え]ボタンや[右揃え]ボタン、[均等割り付け]ボタンで設定します。垂直方向の配置は、[図形の書式]タブの[文字の配置][文字の配置]ボタンをクリックし、[上揃え]、[上下中央揃え]、[下揃え]から選択できます。なお、縦書きテキストボックスの場合は、水平、垂直が逆になります。

文字列の方向
テキストボックス内の文字列の方向を変更するには、テキストボックスを選択し、[図形の書式]タブの[文字列の方向][文字列の方向]ボタンをクリックし、表示される一覧から方向や回転を選択します。

活用

テキストボックスを挿入すると、四角形の枠が作成されますが、別の形に変更することもできます。テキストボックスを選択し、[図形の書式]タブの[図形の編集]ボタンをクリックし、[図形の変更]をポイントして、一覧から変更したい図形を選択します。

練習問題

❶Word文書「資料（アンケート集計結果）」を開きましょう。
❷テキストボックスの文字列の折り返しを「行内」に設定し、行の右側に配置しましょう。
❸13行目に「■住宅購入に際し重視する項目」と入力し、太字にしましょう。
❹14行目に「3-D円」グラフを挿入し、次のようにデータを書き換えましょう。

	A	B	C	D	E	F	G
1		30代					
2	コスト	426					
3	安全性	304					
4	環境	244					
5	間取り	213					
6	利便性	121					
7	その他	212					
8							

❺グラフのサイズを高さ「46mm」、幅「72mm」に設定しましょう。
　※数値の設定後に、自動的に高さや幅が「45.99mm」や「71.98mm」のように微調整される場合がありますが、そのままでかまいません。
❻グラフのレイアウトを「レイアウト1」に設定しましょう。
❼グラフタイトル「30代」のフォントサイズを「11」ポイントに設定しましょう。
❽作成したグラフをすぐ右にコピーしましょう。
❾コピーした右側のグラフのデータを次のように置き換えましょう。

	A	B	C	D	E	F	G
1		60代					
2	コスト	99					
3	安全性	226					
4	環境	368					
5	間取り	127					
6	利便性	325					
7	その他	270					
8							

❿テキストボックスを最終行（15行目）にコピーしましょう。
⓫テキストボックスに次の文字を入力しましょう。その際、フォントサイズやテキストボックスと文字の間隔は元のテキストボックスと揃えます。
⓬テキストボックスのサイズを調整して、行の右側に配置します。

> 住宅購入意欲の高い30代と60代で、重視する項目に明らかな違いが見られる。30代はコストとともに子育ての安心性を重視する傾向、60代は各々の嗜好に合う周辺環境と老後を見通して利便性を重視する傾向と思われる。

⓭文書を「W-L06-01」という名前でに保存しましょう。

❶文書を新規作成し、次のように既定の段落とフォントを設定しましょう。
　配置:「両端揃え」　段落後:「0pt」　行間:「1行」
　すべての文字のフォント:「MS Pゴシック」、フォントサイズ:「10.5」ポイント

❷次のように文字を入力しましょう。

```
【ご利用ガイド】
ご都合のよいご注文方法、お支払い方法をお選びください。


配達日・配達時間帯をご指定いただけます。
3,000円以上ご注文の場合は、送料無料となります。
商品は通常、ご注文日から4日以内にお届けいたします(一部地域で例外がございます)。
在庫切れなどの理由によりお届けが遅れる場合は、別途ご連絡いたします。
```

❸1行目の「【ご利用ガイド】」のフォントサイズを「14」ポイントに設定しましょう。
❹3行目に「手順」の「分割ステップ」のSmartArtを挿入しましょう。
❺SmartArtに次のように文字を入力しましょう。

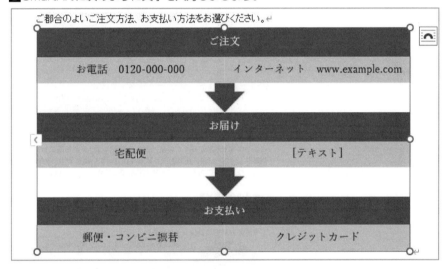

❻「宅配便」の右側の図形を削除しましょう。
❼「クレジットカード」の図形の前に図形を挿入し、「代金引換」と入力しましょう。
❽SmartArt内のすべての文字のフォントを「MS Pゴシック」に設定しましょう。
❾SmartArt内のすべての文字に「塗りつぶし:黒、文字色1;影」のワードアートのスタイルを設定しましょう。
❿SmartArtの色を「カラフル」の「カラフル-アクセント4から5」に設定しましょう。
⓫SmartArtのスタイルを「3-D」の「立体グラデーション」に設定しましょう。
⓬5～8行目に約5文字分の左インデントを設定し、行頭文字「●」付きの箇条書きに設定しましょう。
⓭5～9行目の箇条書きの左側の空白部分に縦書きのテキストボックスを挿入し、「お届けについて」と文字を入力しましょう。
⓮テキストボックスを水平方向、垂直方向の中央揃えで配置しましょう。
⓯テキストボックスの図形を「ブロック矢印」の「矢印:五方向」に変更しましょう。
⓰テキストボックスに「外側」の「オフセット:右下」の影効果を設定しましょう。
⓱テキストボックス内の文字が見えるようにテキストボックスのサイズを調整しましょう。
⓲文書を「W-L06-02」という名前で保存しましょう。

Lesson 7 既存のデータを利用した文書の作成

文書は毎回最初から作成するのではなく、既存のデータを利用すると効率的です。また、テーマを使用すると文書全体のイメージを一括で変更することが可能です。ここではWordやExcelのデータを挿入したり、画像に効果を加えたりする方法について学習します。

キーワード
- □□クリップボード
- □□テーマ
- □□Excelの表
- □□画像のトリミング
- □□画像の効果
- □□テンプレート

このレッスンのポイント

▶ 既存の文書を組み合わせる
▶ テーマで文書のイメージを変える
▶ Excelのデータを貼り付ける
▶ 画像をトリミングする
▶ 画像に効果を設定する

完成例（ファイル名：インフォメーション-24.docx）

オーガニックハーブティー専門店 Green Leaves
Leaves Club Information Vol.24

いつも当店をご利用いただきありがとうございます。
さわやかな秋晴れが続くこの頃、会員の皆様にはいかがお過ごしでしょうか？
朝晩涼しくなり、夏の疲れも出て風邪をひきやすい季節です。今月は体を温める効果や美肌効果、快眠効果のあるハーブを特別割引でご紹介していますので、ぜひお試しください。

♪今月の会員様特典
100g以上のご注文で特製ジャム＆スコーンのセットをプレゼント！

♪今月のおすすめブレンドティー

商品No.HB010「オレンジサンセット」
使用ハーブ：アップルチップ、オレンジピール、ハイビスカス、レモングラス、レモンピール、ローズヒップ
会員価格：30g入り 900円／100g入り 2,790円
甘い香りと明るい色が気分をやわらげるリラックスタイムにぴったりのブレンドティー。疲労回復効果、美肌効果もあります。シンプルなパンや焼き菓子との組み合わせがおすすめです。

♪今月の特価商品（会員様限定）

商品No.	商品名	使用ハーブ	30g入り	100g入り
HB003	ルビーローズ	ハイビスカス、ローズ、ローズヒップ	¥800	¥2,480
HB005	ムーンドリーム	オレンジピール、カモミール、ラベンダー、リンデン	¥900	¥2,790
HB007	アップルタイム	アップルチップ、アップルミント、カモミール、ジンジャー	¥600	¥1,860

＜ご注意とお願い＞
● ハーブは医薬品や医薬品に替わるものではありません。
● ご紹介している効果や効能は全ての方に保証されるものではありません。
● 高血圧の方、妊娠中の方や服薬・療養中の方は、ご飲用前に医師にご相談ください。

ご注文・お問い合わせは
オーガニックハーブティー専門店 Green Leaves
〒265-0052 千葉県千葉市若葉区和泉町 X-23-2
会員専用フリーダイヤル：0120-000-xxx（受付 10:00～20:00）
FAX：0120-000-xxx　ホームページ：http://green-leaves.example.jp

既存の文書を組み合わせる

定期的に発行する会員情報などの文書や定型的な書類の作成には、既存の文書を有効に活用しましょう。ここでは、2つの文書を組み合わせて新しい文書を作成します。文書に別の文書の一部をコピーするときは、両方の文書をあらかじめ開いておきます。まず、コピー元の文書でコピーの操作を行い、次にコピー先の文書に画面を切り替えて貼り付けの操作を行います。複数の範囲をコピーするときは「クリップボード」を使用すると、画面を切り替える操作が一度で済み、効率的です。

●文書の準備

Word文書「インフォメーション-23」を開き、次のように設定しましょう。
・2行目の「Vol.23」を「Vol.24」に変更します（❶）。
・5～7行目、10行目の文章を下図のように変更します（❷）。
・13～18行目を削除します（❸）。
・「インフォメーション-24」という名前で保存しておきます。

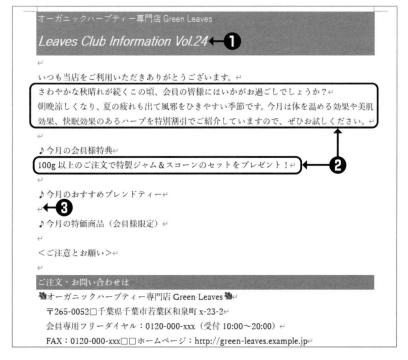

●別の文書の一部をコピー

準備した文書「インフォメーション-24」に、Word文書「商品紹介」から必要な部分をコピーします。ここでは、クリップボードを利用して、見出し「♪今月のおすすめブレンドティー」と「＜ご注意とお願い＞」の下の2カ所にそれぞれ文章をコピーします。

1. [ファイル]タブをクリックし、[開く]をクリックします。
2. [開く]画面の[参照]をクリックします。
3. [ファイルを開く]ダイアログボックスが表示されたら、文書が保存されているフォルダーを指定し、一覧から文書[商品紹介]をクリックして、[開く]をクリックします。
4. 文書「商品紹介」が開きます。
5. [ホーム]タブの[クリップボード]グループ右下の 🔽 [クリップボード]ボタンをクリックします。

6. [クリップボード]作業ウィンドウが表示されます。
7. 2ページ目の22～28行目を選択します。
8. [ホーム]タブの [コピー]ボタンをクリックします。
9. [クリップボード]作業ウィンドウの一覧に選択した範囲が登録されます。
10. 2ページ目の32～34行目を選択します。
11. [ホーム]タブの [コピー]ボタンをクリックします。
12. [クリップボード]作業ウィンドウの一覧の上側に選択した範囲が追加されます。
13. 表示する文書を切り替えます。タスクバーのWordのアイコンをポイントし、表示される「インフォメーション-24」のサムネイルをクリックします。

すべて貼り付けとすべてクリア

[クリップボード]作業ウィンドウの[すべて貼り付け]をクリックすると、カーソルのある位置に、クリップボードに記憶されているすべてのデータをまとめて貼り付けることができます。[すべてクリア]をクリックすると、記憶されているすべてのデータが削除されます。一覧から特定のデータを削除する場合は、データをポイントし、表示される▼をクリックして、[削除]をクリックします。

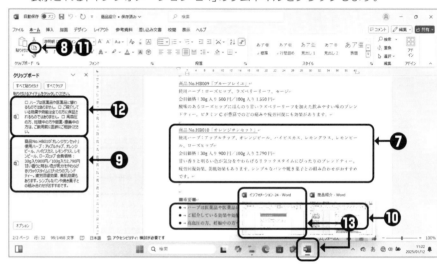

14. 文書「インフォメーション-24」が表示されます。
15. [ホーム]タブの[クリップボード]グループ右下の [クリップボード]ボタンをクリックします。
16. コピーした範囲が登録された状態で[クリップボード]作業ウィンドウが開きます。
17. 13行目にカーソルを移動します。
18. [クリップボード]作業ウィンドウの一覧の[商品No.HB010…]をクリックします。

1カ所だけコピーする

コピーする範囲が1カ所だけのときは、クリップボードを使用しなくてもかまいません。コピー元の文書で範囲を選択して[ホーム]タブの [コピー]ボタンをクリックし、コピー先の文書に切り替えて、コピー先にカーソルを移動し、[ホーム]タブの [貼り付け]ボタンをクリックします。

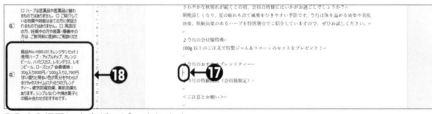

19. 13行目に文章がコピーされます。
20. 同様の操作で24行目に[□ ハーブは医薬品や…]をコピーします。
21. [クリップボード]作業ウィンドウの 閉じるボタンをクリックして、[クリップボード]作業ウィンドウを閉じます。
22. タスクバーの Wordのアイコンをポイントし、「商品紹介」のサムネイルをポイントして、右上に表示される 閉じるボタンをクリックして「商品紹介」の文書を閉じます。

テーマで文書のイメージを変える

Wordには「テーマ」という機能があります。文書で使用する色やフォントの組み合わせはテーマによって異なっており、テーマを変更すると、文書全体のイメージを簡単に変更することができます。

●テーマとは

テーマは、文書内で使用する色、フォント、効果の3つの要素の組み合わせに名前を付けて登録したもので、さまざまな組み合わせが用意されています。Wordで新規作成する文書には、「Office」というテーマが適用されています。

テーマを変更すると、色、フォント、効果がまとめて変更されますが、これらの3つの要素は自由に組み合わせることもできます。テーマを変更するときは、[デザイン]タブの[テーマ]ボタンを、3つの要素を個別に変更するときは、右側にある[配色](テーマの色)ボタン、[フォント](テーマのフォント)ボタン、[効果](テーマの効果)ボタンをそれぞれクリックして、一覧から選択します。

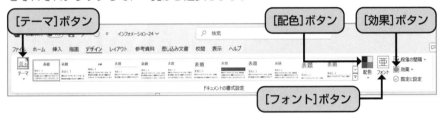

・テーマの色

文字や表、グラフ、図形などで使用する色の組み合わせです。
テーマまたはテーマの色を変更すると、[フォントの色]ボタンや[図形の塗りつぶし]ボタンなどをクリックしたときに表示される[テーマの色]の一覧の色の組み合わせが変わります。[標準の色]にはテーマに関係なく常に同じ色が表示されます。

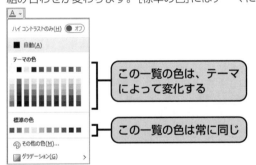

この一覧の色は、テーマによって変化する

この一覧の色は常に同じ

文書内の文字や表などに[テーマの色]から選んだ色を設定している場合は、テーマを変更すると、設定済みの文字や表の色も自動的に新しいテーマに合わせた色に変更されます。[標準の色]や[その他の色]から選んだ色を設定している場合は、テーマを変更しても色は変わりません。

・テーマのフォント

見出し、本文に使用する文字の日本語用と半角英数字用のフォントの組み合わせです。
テーマまたはテーマのフォントを変更すると、[游明朝(本文のフォン)][フォント]ボックスの▼をクリックしたときに表示される[テーマのフォント]の一覧のフォントの組み合わせが変わります。

文書内の文字に[テーマのフォント]から選んだフォントを設定している場合は、テーマを変更すると、本文や見出しのフォントが新しいテーマに合わせたフォントに変更されます。[テーマのフォント]以外のフォントを設定している場合は、テーマを変更しても文字のフォントは変わりません。

Word 2013以前のバージョンのテーマ

Word 2013以前のバージョンのWordでは、初期値のテーマ「Office」のフォントなどが異なります。Word 2013以前のバージョンのWordで作成した文書をWord 2024で開くとWord 2013以前のバージョンの「Office」のテーマが適用された状態になります。Word 2024で作成した文書をWord 2013以前のバージョンのWordで開くとWord 2024の「Office」のテーマが適用された状態になります。

なお、テーマの色はWord 2024で変更され、Word 2021以前のバージョンで作成した文書をWord 2024で開くと以前のテーマの色の一覧が表示されます。

・テーマの効果
図形やSmartArtに適用する効果の立体感や影などの付け方の組み合わせです。テーマを変更すると、設定済みの効果が新しいテーマに合わせて変更されます。

テーマがない場合
一部のコンピューターで、テーマの種類が減ってしまうことがあります。誌面で指示されたテーマが見当たらない場合は、他の任意のテーマを設定してください。

●テーマとテーマの色の適用
ここでは、テーマを「配当」に変更した後、配色を「マーキー」に設定します。

1. [デザイン]タブの [テーマ]ボタンをクリックし、一覧から[配当]をクリックします。
2. テーマが変更され、文書内の色やフォントが変わります。

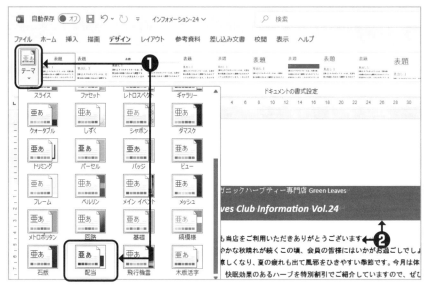

3. [デザイン]タブの [配色](テーマの色)ボタンをクリックし、一覧から[マーキー]をクリックします。
4. フォントはそのままで、色だけが変わります。

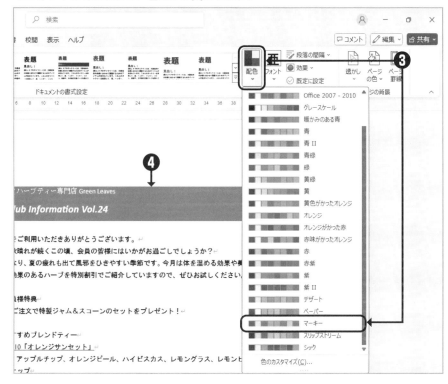

Excelのデータを貼り付ける

Wordでも表やグラフを作成できますが、Excelで既に作成している表やグラフがあるときは、それらを利用するほうが効率的です。ここでは、Excelの表を文書内に貼り付け、編集します。

●Excelの表の貼り付け

文書「インフォメーション-24」の見出し「♪今月の特価商品（会員様限定）」の下に、Excelファイル「取扱商品」の表をコピーします。

1. Excelを起動して、ファイル「取扱商品」を開きます。
2. セルB2からセルF12を選択します
3. ［ホーム］タブの ［コピー］ボタンをクリックします。
4. タスクバーの Wordのアイコンをポイントし、「インフォメーション-24」のサムネイルをクリックし、文書「インフォメーション-24」に切り替えます。

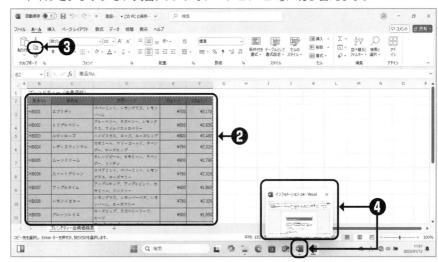

5. 22行目にカーソルを移動します。
6. ［ホーム］タブの ［貼り付け］ボタンをクリックします。
7. Excelの表が貼り付けられます。
8. 表の右下に表示される ［貼り付けのオプション］ボタンをクリックし、 ［貼り付け先のスタイルを使用］をクリックします。
9. 表内の文字のフォントが文書内のフォントと同じものに変更されます。

10. タスクバーの Excelのアイコンをポイントし、「取扱商品」のサムネイルをポイントして、右上に表示される 閉じるボタンをクリックしてExcelを終了します。

［貼り付け先のスタイルを使用］

Excelの表を、Wordの書式を保持して貼り付けるときは、貼り付け後に表の右下に表示される ［貼り付けのオプション］ボタンをクリックし、 ［貼り付け先のスタイルを使用］をクリックします。 ［リンク（貼り付け先のスタイルを使用）］をクリックすると、リンクが設定された状態になり、Excelのデータが変更されるとWordのデータも変更されます。

●貼り付けた表の編集

貼り付けた表は、Wordで作成した表と同じように編集できます。
ここでは、不要な行を削除し、スタイルを設定します。

1. 表の2〜3行目（「HB001」「HB002」の行）を選択し、[テーブルレイアウト]タブの[削除]（表の削除）ボタンをクリックして、一覧から[行の削除]をクリックします。
2. 同様の操作で、表の「HB004」、「HB006」、「HB008」〜「HB010」の各行を削除します。
3. 表にスタイルを設定します。表内の任意のセルにカーソルを移動し、[テーブルデザイン]タブの[表のスタイル]グループの[表のスタイル]ボタンをクリックします。
4. [グリッドテーブル]の一覧から[グリッド（表）4－アクセント3]をクリックします。
5. [テーブルデザイン]タブの[最初の列]チェックボックスをオフにします。

> **操作の繰り返し**
> 行の削除を複数回行うなど、直前の操作を繰り返すには、クイックアクセスツールバーの[繰り返し]ボタンをクリックします。Ctrl＋Yキーまたは F4キーを押しても実行できます。

活用

上記の方法でExcelの表を貼り付けると、Excelの表はWordの表に変換され、Wordの表と同じように扱えます。ただし、計算式などが入力されていた場合、値を変更しても計算結果は更新されなくなります。計算式などExcelの機能を利用したい場合は、次のように操作します。Excelの表としての機能を保ったまま貼り付けることができます。

1. Excelで貼り付ける表の範囲を選択し、[ホーム]タブの[コピー]ボタンをクリックします。
2. Wordの文書に画面を切り替え、表を貼り付ける位置にカーソルを移動します。
3. [ホーム]タブの[貼り付け]ボタンの▼をクリックし、一覧から[形式を選択して貼り付け]をクリックします。
4. [形式を選択して貼り付け]ダイアログボックスの[貼り付ける形式]の一覧から[Microsoft Excel ワークシートオブジェクト]をクリックし、[OK]をクリックします。

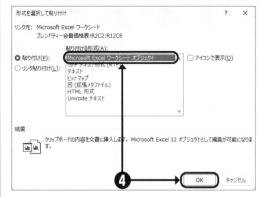

5. Excelの表の機能を保ったまま、表が貼り付けられます。

この方法で貼り付けた表を編集するときは、表の上でダブルクリックします。リボンの表示がExcelのタブに切り替わり、Word上でExcelの機能を使って表を編集できます。セルの値を変更すると、計算結果も変更されます。Word上で編集した内容は元のExcelファイルには影響しません。なお、Word上でダブルクリックすると、貼り付けた表以外の部分もスクロールして表示できてしまうので、他者に配布する文書では注意が必要です。

画像をトリミングする

挿入した画像に不要な部分があるときは、必要な部分だけを残すように「トリミング」します。ここでは、13行目の行頭にコーヒー豆の画像を挿入し、サイズを変更したうえで、画像の左側部分をトリミングします。

トリミング
写真や画像の不要な部分を取り除くことです。

●画像の挿入とトリミング
1. 13行目の行頭にカーソルを移動します。
2. [挿入]タブの [画像]（画像を挿入します）ボタンをクリックし、[このデバイス]をクリックします。
3. [図の挿入]ダイアログボックスで画像が保存されているフォルダーを指定し、画像ファイル[HB010]をクリックして、[挿入]をクリックします。
4. 画像が挿入されます。
5. 画像のサイズを変更します。画像の右下のサイズ変更ハンドル（○）をポイントし、マウスポインターの形が の状態になったら、下図のように左上方向にドラッグします。
6. 画像のサイズが変更されます。

マウスポインターの形
ドラッグを始めると、＋に変わります。

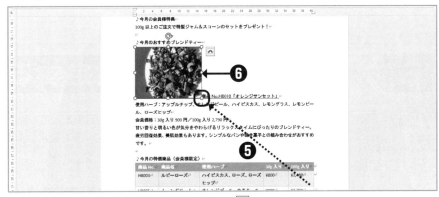

7. 画像が選択された状態で、[図の形式]タブの [トリミング]ボタンをクリックします。
8. 画像の周囲にトリミング用のハンドルが表示されます。
9. 左側中央のトリミング用のハンドルをポイントし、マウスポインターの形が の状態に変わったら、下図のように右方向にドラッグします。
10. 画像がトリミングされます。

マウスポインターの形
ポイントするハンドルの位置によって、＋や ↗ に変わります。また、ドラッグを始めると、＋に変わります。

トリミング用のハンドル
上下のハンドルをドラッグすると高さを、左右のハンドルをドラッグすると幅を、四隅のハンドルをドラッグすると高さと幅を同時にトリミングできます。

11. もう一度[図の形式]タブの [トリミング]ボタンをクリックしてオフにすると、トリミングが終了します。

97

●図形に合わせてトリミング

画像をいろいろな図形の形状に合わせてトリミングすることができます。ここでは、「基本図形」の「十二角形」の形に変更します。

1. 画像を選択します。
2. [図の形式]タブの □ [トリミング]ボタンの▼をクリックし、[図形に合わせてトリミング]をポイントして、[基本図形]の一覧から[十二角形]をクリックします。

> **縦横比を指定してトリミングする**
> [図の形式]タブの □ [トリミング]ボタンの▼をクリックし、[縦横比]をポイントします。[四角形]、[縦]、[横]の一覧から比率をクリックすると、指定した比率でトリミングされます。

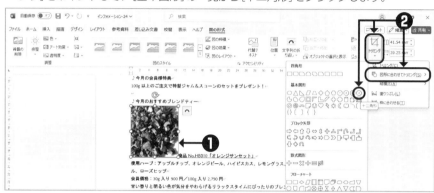

3. 図の形状が変更されます。

画像に効果を設定する

画像には、影、反射、光彩、ぼかし、面取り、3-D回転などの効果を設定することができます。ここでは画像に「ぼかし」の効果を設定します。

1. 画像を選択します。
2. [図の形式]タブの [図の効果▼] [図の効果]ボタンをクリックし、[ぼかし]をポイントして、[ソフトエッジのバリエーション]の一覧から[2.5ポイント]をクリックします。

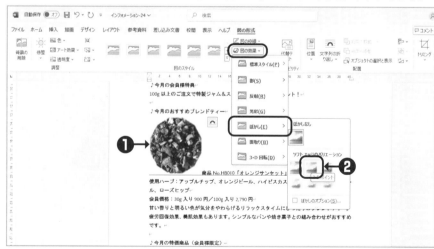

3. ぼかしの効果が設定されます。
4. 最後に、文字列の折り返しを変更して周囲の文字との配置を整えておきます。 [レイアウトオプション]ボタンまたは[図の形式]タブの [文字列の折り返し]ボタンをクリックし、一覧から[四角形]をクリックします。
5. 文字の折り返しが変更され、文字が画像の横に回り込みます。
6. 1ページに収まるように、行数を「42」に変更します。

活用

写真などの画像ファイルは、ほかにもいろいろなアレンジができます。明るさやコントラストの調整、色の彩度やトーンの変更、アート効果、透明度などが設定でき、また、不要な部分を自動的に削除する背景の削除機能もあります。

・画像の修整

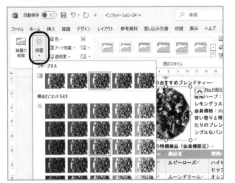

挿入した画像の色が暗かったり、ぼやけていたりする場合は、明るさやコントラスト、シャープネスを調整します。[図の形式]タブの[修整]ボタンをクリックすると、修整後のイメージが一覧表示されるので、適切な画像を選択します。

・色の変更

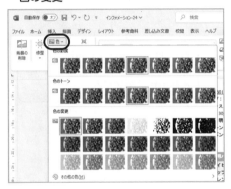

画像を単色のさまざまな色に変更したり、彩度やトーンを調整したりすることができます。[図の形式]タブの[色]ボタンをクリックし、変更後のイメージの一覧から選択します。

・アート効果の設定

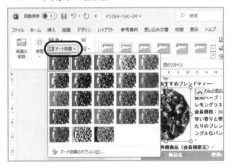

画像全体をぼかしたりモザイクをかけるなどの加工が行えます。[図の形式]タブの[アート効果]ボタンをクリックし、変更後のイメージの一覧から選択します。

・透明度の設定

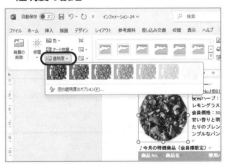

画像の透明度を調整することができます。画像の背後に文字や図がある場合は透けて見えるようになります。[図の形式]タブの[透明度]ボタンをクリックし、変更後のイメージの一覧から選択します。

活用

Wordにはビジネスレターや履歴書など、よく利用する文書のひな型が「テンプレート」として用意されています。テンプレートには、文書の内容に応じて必要な要素が配置され、書式も設定されているので、内容を書き換えるだけで簡単に定型的な文書が作成できます。テンプレートを使用するには、次のように操作します。

1. Word 2024を起動し、[新規]をクリックして、[新規]画面を表示します。他の文書が開いている場合は、[ファイル]タブをクリックし、[新規]をクリックして、[新規]画面を表示します。
2. [オンラインテンプレートの検索]ボックスにキーワードを入力して [検索の開始]ボタンをクリックするか、[検索の候補]から目的のカテゴリをクリックします。
3. 一覧からデザインを選択します。
4. 選択したデザインのテンプレートの縮小版と解説が表示されるので確認して、 [作成]をクリックします。
5. テンプレートがダウンロードされて表示されます。
6. 必要に応じて、文字を追加、削除するなどして編集します。

例）「モダンカプセルレターヘッド」を編集する場合

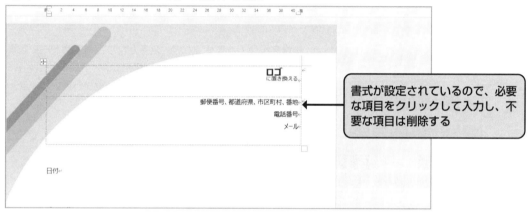

書式が設定されているので、必要な項目をクリックして入力し、不要な項目は削除する

7. 編集が終わったら、通常の文書と同様の操作で名前を付けて保存します。

自分で作成した文書をテンプレートとして登録することもできます。

1. [ファイル]タブをクリックし、[名前を付けて保存]をクリックします。
2. [名前を付けて保存]画面の[参照]をクリックします。
3. [名前を付けて保存]ダイアログボックスの[ファイルの種類]ボックスをクリックし、[Wordテンプレート]をクリックします。
4. [ファイルの場所]ボックスに「ドキュメント▶Officeのカスタムテンプレート」と表示されたことを確認します。
5. ファイル名を指定し、[保存]をクリックします。

登録したテンプレートを開くときは、[新規]画面の[個人用]をクリックします。自分で作成したテンプレートの一覧が表示されるので、目的のテンプレートをクリックします。

登録したテンプレートを削除するときは、テンプレートとして保存する操作を行い、[名前を付けて保存]ダイアログボックスの[ファイルの場所]ボックスに「ドキュメント▶Officeのカスタムテンプレート」と指定されている状態で一覧から削除するテンプレートを右クリックし、ショートカットメニューの[削除]をクリックします。

練習問題

1 文書を新規作成し、次のように既定の段落とフォントを設定しましょう。
　配置：「両端揃え」　段落後：「0pt」　行間：「1行」
　フォントサイズ：「10.5」ポイント

2 次のように文字を入力しましょう。

```
販売部門別売上報告（12月）

概況：
景気下方修正の影響などによる不況感のためか、12月としては初めて対前月比売上がマイ
ナスとなる厳しい販売状況であった。
売上構成比に著変はなかった。
部門別では歳暮関連で食料品部門と、婦人服飾雑貨では前月比でプラスであったが、例年12
月に販売高が最高となる時計・宝飾品や玩具、趣味用品の落ち込みが目立っている。

販売部門別売上状況：

　　　　　　　　　　　　　　　　　　　　　　　　　　　　　　　　　　　　　以上
```

3 テーマを「オーガニック」に設定しましょう。

4 1行目のフォントサイズを「16」ポイントにし、段落の罫線の「下罫線」「上罫線」を設定しましょう。

5 4～8行目を行頭文字「■」付きの箇条書きに設定しましょう。

6 「販売部門別売上状況：」の下に、Excelファイル「販売部門別売上」の表を「貼り付け先のスタイルを使用」して貼り付けましょう。貼り付け後、Excelは終了します。

7 表に「グリッドテーブル」の「グリッド（表）5濃色－アクセント2」のスタイルを適用し、表スタイルのオプションで集計行のスタイルをオンに設定しましょう。

8 表全体を中央揃えで配置しましょう。

9 文書を「W-L07-01」という名前で保存しましょう。

1 Word文書「イベントガイド」を開きましょう。

2 5行目（タイトルの下の行）に次のように文字を入力しましょう。

```
大高山ガーデンファームイベントガイド

初夏の大高山ガーデンファームは、咲き誇る花々の香りと鮮やかな緑であふれています。
毎年大好評のガーデンカフェを今年もオープンします。さわやかな風にふかれながら、新鮮
な野菜やフルーツをたっぷり使ったランチやケーキをお楽しみください。
```

3 5行目の行頭に画像ファイル「初夏の花」を挿入しましょう。

4 写真のサイズを1/4程度に縮小しましょう。

5 右図を参考に、写真の左下にある花3輪だけを残すようにトリミングしましょう。

（次ページへ続く）

❻画像に「ぼかし」の「ソフトエッジのバリエーション」の「5ポイント」の効果を適用しましょう。

❼画像の文字列の折り返しを「四角形」に変更し、ドラッグして行の右端に移動しましょう。

❽作成中の文書に文書「イベント開催予定」の一部を次のようにコピーしましょう。コピー後、文書「イベント開催予定」は終了します。

・文書「イベントガイド」の見出し「開催中のイベント」の下に、文書「イベント開催予定」の2～9行目（「ガーデンカフェ」「ナイトガーデン」の内容）をコピーします。

・文書「イベントガイド」の見出し「ガーデニング教室」の下に、文書「イベント開催予定」の24～27行目（「初夏の寄せ植え教室」の内容）をコピーします。

❾テーマの色を「ペーパー」に設定しましょう。

❿テーマのフォントを「Arial」に設定しましょう。

⓫文書を「W-L07-02」という名前で保存しましょう。

❶「モダンカプセルレターヘッド」のテンプレートを使用して、文書を新規作成しましょう。
※「モダンカプセルレターヘッド」のテンプレートがダウンロードできない場合は、任意のテンプレートを使用します。

❷次のように項目を設定しましょう。

・「ロゴに置き換える」を画像ファイル「社名ロゴ」に置き換えましょう。

・「郵便番号、都道府県、市区町村、番地」、「電話番号」、「メール」は下図を参考に入力し、「電話番号」の下に1行追加して、部署と名前を入力します。

・「日付」は今日の日付を入力します。

・「受取人様」は下図を参考に入力し、会社名と担当者名は **Shift**＋**Enter** キーで改行します。フォントサイズを「14」ポイントに設定します。

・本文は下図を参考に入力します。

・文末の「名前」、「タイトル」、「メール」の行は削除します。

画像を置き換える
[ロゴに置き換える]を選択してから、画像の挿入の操作をすると画像が置き換えられます。

コンテンツコントロールの削除
「名前」を選択して削除しても「自分の名前」などが表示されて削除できない場合は、右クリックし、ショートカットメニューの［コンテンツコントロールの削除］をクリックします。

❸文書を「W-L07-03」という名前で保存しましょう。

Lesson 8 読みやすいレイアウトの長文の作成

文字数やページ数の多い文書を作成するときは、読みやすくなるようにレイアウトを工夫します。ここでは、見出しやキーワードに同じスタイルを設定してポイントを明確にしたり、長い文章を段組みにして1行の文字数を減らすなどして、文書を読みやすくする方法を学習します。

キーワード
- □□スタイル
- □□組み込みスタイル
- □□段組み
- □□段区切り
- □□ドロップキャップ
- □□ページ罫線

このレッスンのポイント

▶ スタイルを使って書式を統一する
▶ 書式をまとめて変更する
▶ 段組みで文章を読みやすくする
▶ ドロップキャップで段落を目立たせる
▶ ページ全体を罫線で囲む

完成例（ファイル名：友の会便り.docx）

スタイルを使って書式を統一する

文字や段落の「スタイル」は、フォントサイズやフォントの種類、インデントや段落の罫線などの書式を組み合わせたものです。よく利用する書式の組み合わせにわかりやすい名前を付けてスタイルとして登録しておくと、何度も同じ書式を設定する手間が省けます。

また、ある程度ボリュームのある文書を作成するときは、以下のような点に配慮すると、文書全体に統一感が出て読みやすくなります。
・フォントや色の種類を増やしすぎない
・同じ重要度の見出しやキーワードには、同じ書式を設定する
スタイルに登録した内容を変更すると、同じスタイルを設定している文字や段落の書式も更新されるので、文書の統一感を保つことができます。

●文書の準備
文書「友の会便り_入力済」を開きましょう。次に、開いたファイルを「友の会便り」という名前を付けて保存します。

●組み込みスタイルの設定
スタイルには、あらかじめWordに用意されている「組み込みスタイル」と、独自に登録するスタイルがあります。ここでは、「見出し1」「見出し2」の組み込みスタイルを設定します。

1. 1ページ2行目の「今月のイベント・ピックアップ」、2ページ2行目の「名曲の旅」、2ページ19行目の「ミューズホール友の会からのご案内」を選択します。
2. [ホーム]タブの[スタイル]グループの一覧から[見出し1]をクリックします。

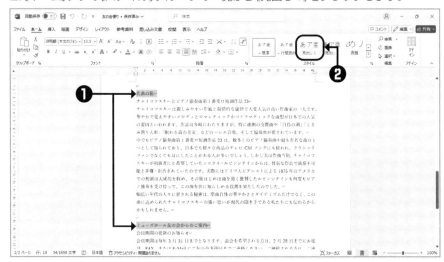

3. 「見出し1」スタイルが設定されます。

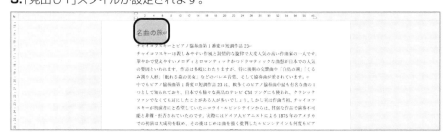

クイックスタイルギャラリー

[スタイル]グループの一覧に目的のスタイルが表示されていない場合は、[スタイル]ボタンをクリックします。一覧が拡張され、そこからスタイルを選択したり、[スタイルの作成]、[書式のクリア]などのコマンドを選択したりすることができます。拡張表示されたスタイルの一覧を「クイックスタイルギャラリー」といいます。

スタイルの設定とページ

手順2の操作を行うとテキストボックスが2ページ目に移動し、ページが増えますが、この後の操作で調整されるため、そのままでかまいません。

行の先頭の記号

組み込みの見出しスタイルを設定すると、行の先頭に■の記号が表示されます。この記号は画面上に表示されるだけで印刷されません。

スタイルの解除

解除する範囲を選択し、[ホーム]タブの[スタイル]グループの[スタイル]ボタンをクリックして、一覧から[書式のクリア]をクリックします。

「標準」スタイル

新規に作成した文書の文字には「標準」というスタイルが適用されています。

4. 同様の操作で、以下の行に「見出し2」スタイルを設定します。
　1ページ　3行目「コペンハーゲン交響楽団日本公演」
　1ページ13行目「ミューズ・クリスマスライブ」
　2ページ　4行目「チャイコフスキーとピアノ協奏曲…」
　2ページ21行目「会員期間更新のお知らせ」
　3ページ　3行目「会員特典変更のお知らせ」

●スタイルの登録

組み込みのスタイルに適当なものがないときは、オリジナルのスタイルを登録します。ここでは、文字列にフォントの色と太字、影付きを設定し、その設定を「情報」という名前のスタイルとして登録します。

1. 1ページ5行目の「【開場】」の文字列を選択します。
2. [ホーム]タブの[A▼][フォントの色]ボタンの▼をクリックし、[テーマの色]の一覧から[オレンジ、アクセント2]をクリックします。
3. [ホーム]タブの[B][太字]ボタンをクリックします。
4. [ホーム]タブの[A▼][文字の効果と体裁]ボタンをクリックし、[影]をポイントして、[外側]の一覧から[オフセット：右下]をクリックします。
5. 設定した書式をスタイルとして登録します。「【開場】」を選択した状態で、[ホーム]タブの[スタイル]グループの[スタイル]ボタンをクリックします。
6. 一覧から[スタイルの作成]をクリックします。

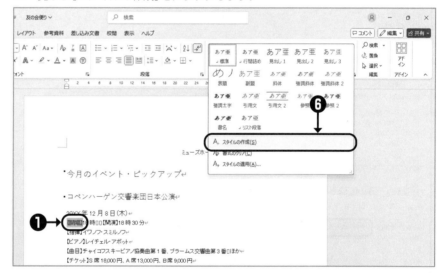

7. [書式から新しいスタイルを作成]ダイアログボックスの[名前]ボックスに「情報」と入力し、[OK]をクリックします。

8. スタイルが登録されます。

活用

ここでは、文字列に影を付ける設定を、「文字の効果」の機能で行っています。[ホーム]タブの A▼ [文字の効果と体裁]ボタンからは、影以外にも文字の輪郭、反射、光彩などを設定することができます。

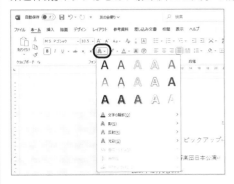

また、[ホーム]タブの[フォント]グループ右下の [フォント]ボタンをクリックし、表示される[フォント]ダイアログボックスの[文字の効果]をクリックすると、[文字の効果の設定]ダイアログボックスが表示されます。 A [文字の塗りつぶしと輪郭]ボタンをクリックすると、[文字の塗りつぶし][文字の輪郭]が表示され、クリックすると詳細を指定できます。同様に A [文字の効果]ボタンをクリックすると[影][反射][光彩][ぼかし][3-D書式]が表示され、クリックすると詳細を数値で指定できます。

スタイルの設定

対象の文字列が多くて同時に選択しづらい場合は、1カ所ずつ設定してもかまいません。

登録したスタイルの削除

[スタイル]グループ右下の[スタイル]ボタンをクリックします。[スタイル]作業ウィンドウが表示されるので、削除するスタイルをポイントし、表示される▼をクリックして[(スタイル名)の削除]をクリックします。続いて表示される確認メッセージの[はい]をクリックします。スタイルが削除されると、そのスタイルが設定されていた箇所の書式が解除されます。

●登録したスタイルの設定

登録したスタイルは[スタイル]グループの一覧から設定できます。登録した「情報」スタイルを別の文字列に設定してみましょう。

1. 1ページ目の次の文字列を選択します。
　5行目「【開演】」　　6行目「【指揮】」　　7行目「【ピアノ】」　　8行目「【曲目】」
　9行目「【チケット】」　　15行目「【開場】」「【開演】」　　16行目「【出演アーティスト】」
　18行目「【チケット】」

2. [ホーム]タブの[スタイル]グループの[スタイル]ボタンをクリックします。

3. 一覧から[情報]をクリックします。

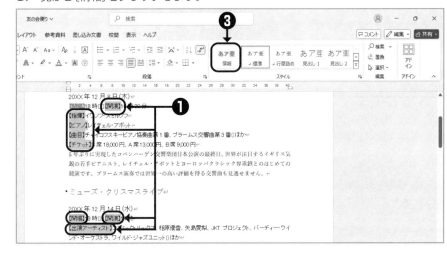

4. スタイルが設定されます。

活用

Wordには、組み込みスタイルの書式の組み合わせを登録したスタイルセットという機能もあります。文書内に「標準」や「見出し1」「見出し2」「表題」といった組み込みスタイルを適用しているときにスタイルセットを変更すると、文書全体の書式をまとめて変更できます。スタイルセットを設定するには、[デザイン]タブの[ドキュメントの書式設定]の一覧からスタイルセットを選択します。

スタイルセット「影付き」の設定例

書式をまとめて変更する

スタイルを利用すると、設定後に書式を変更した場合に、同じスタイルを設定している箇所の書式をまとめて更新できます。
ここでは、「見出し1」「見出し2」スタイルの書式を変更し、スタイルを設定しているすべての箇所の書式を更新します。

選択する段落
「見出し1」スタイルが設定されている段落であれば、どこでもかまいません。

段落の前後の間隔を「行」単位で指定
[レイアウト]タブの[前の間隔]および[後の間隔]ボックスが「pt」単位で指定されている場合は、ボックス右端の▼をクリックして「0行」に設定してから▲をクリックすると「0.5行」など「行」単位で指定することができます。

1. 1ページ2行目を選択し、以下の書式を設定します。
・フォントサイズ：「14」ポイント
・フォント：「HGP創英角ゴシックUB」
・段落の背景の色：「テーマの色」の「オレンジ、アクセント2、白+基本色40%」
・段落の前の間隔：「0行」、段落の後の間隔：「0.5行」

2. 2行目に設定した書式を、「見出し1」スタイルを設定した他の箇所に反映します。2行目を選択した状態で、[ホーム]タブの[スタイル]グループの一覧の[見出し1]の上で右クリックし、ショートカットメニューの[選択個所と一致するように見出し1を更新する]をクリックします。

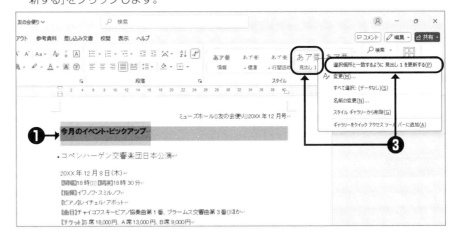

3. 文書をスクロールし、見出し「名曲の旅」「ミューズホール友の会からのご案内」の書式が更新されていることを確認します。

4. 続けて、「見出し2」スタイルを変更します。1ページ3行目を選択し、以下の書式を設定します。
・フォント：「HGP創英角ゴシックUB」
・フォントの色：「テーマの色」の[オレンジ、アクセント2]
・段落の前の間隔：「0行」、段落の後の間隔：「0行」

5. 手順**2**～**3**と同様の操作で、2行目に設定した書式を、「見出し2」スタイルを設定した他の箇所に反映します。

6. 文書をスクロールし、「見出し2」スタイルを設定したすべての箇所の書式が更新されていることを確認します。

活用

登録したスタイルの内容を変更するには、[スタイルの変更]ダイアログボックスを使用する方法もあります。次のように操作します。

1. [ホーム]タブの[スタイル]グループの一覧の変更したいスタイルの上で右クリックし、ショートカットメニューの[変更]をクリックします。
2. [スタイルの変更]ダイアログボックスで書式を変更します。[書式]をクリックすると、メニューに[フォント]や[段落]などが表示され、選択するとそれぞれの設定用のダイアログボックスが表示されて、詳細な書式の設定を行えます。
3. [OK]をクリックすると、スタイルを設定しているすべての箇所の書式が更新されます。

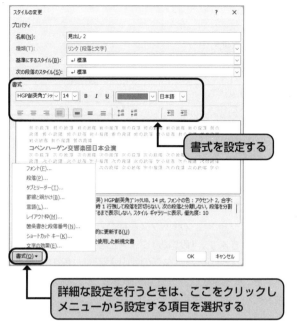

書式を設定する

詳細な設定を行うときは、ここをクリックしメニューから設定する項目を選択する

段組みで文章を読みやすくする

文字が多い文書では、新聞や雑誌の記事のように「段組み」にして1行の文字数を減らすと、視線を折り返す距離が短くなり、読みやすくなります。ここでは、見出し「今月のイベント・ピックアップ」と「チャイコフスキーとピアノ協奏曲…」の下の文章をそれぞれ2段組みにします。また、「段区切り」を挿入して2段目の開始位置を調整します。

広い範囲の選択
範囲の開始位置にカーソルを移動し、次に、**Shift**キーを押しながら範囲の終了位置をクリックすると、広い範囲を簡単に選択できます。行や段落を選択するときは、↵を含めて選択します。

セクション区切り
段組みを設定すると、段組みの範囲の前後にセクション区切りが自動的に挿入されます。セクション区切りは画面上に表示されるだけで印刷されません。

段区切り
段区切りも画面上に表示されるだけで印刷されません。

1. 1ページ3行目の「コペンハーゲン交響楽団日本公演」から24行目の「ます。」を選択します。
2. [レイアウト]タブの [段組み]（段の追加または削除）ボタンをクリックし、一覧から[2段]をクリックします。
3. 文章が2段組みに変更されます。
4. 2段目の開始位置を調整します。19行目の「ミューズ・クリスマスライブ」の行頭にカーソルを移動します。
5. [レイアウト]タブの [区切り]（ページ/セクション区切りの挿入）ボタンをクリックし、[ページ区切り]の一覧から[段区切り]をクリックします。

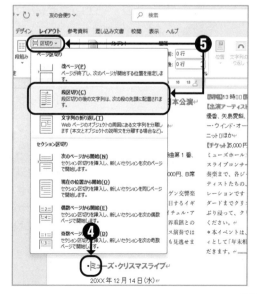

109

段組みの解除

段組みを設定した範囲内にカーソルを移動し、[レイアウト]タブの[段組み]（段の追加または削除）ボタンをクリックして、一覧から[1段]をクリックします。次に、段組みの前後に挿入されているセクション区切りの前にカーソルを移動し、**Delete**キーを押して削除します。

6. 段区切りが挿入され、「ミューズ・クリスマスライブ」が2段目の先頭に移動します。

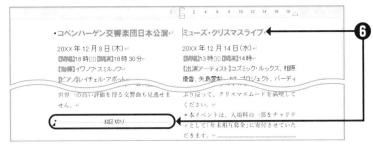

7. 同様の操作で、2ページ3行目の「チャイコフスキーは親しみやすい…」から16行目の「かもしれません。」を2段組みにします。

活用

[段組み]ダイアログボックスを使うと、段組みの詳細な設定ができます。[段組み]ダイアログボックスを表示するには、[レイアウト]タブの[段組み]（段の追加または削除）ボタンをクリックし、一覧から[段組みの詳細設定]をクリックします。

4段以上の段組みを設定するときは、[段数]ボックスに数値を設定します。
[境界線を引く]チェックボックスをオンにすると、段と段の間に線が引かれます。
[段の幅と間隔]では、段の幅と段と段の間隔を文字数で設定できます。

ドロップキャップで段落を目立たせる

「ドロップキャップ」は、雑誌の記事などによく見られるもので、段落の1文字目だけを大きくする機能です。段落の開始位置を目立たせたり、文書にメリハリを付けたりする効果があります。ここでは、見出し「チャイコフスキーとピアノ協奏曲…」の下の段落にドロップキャップを設定します。

1. 2ページ3行目の「チャイコフスキーは親しみやすい…」で始まる段落内にカーソルを移動します。
2. [挿入]タブの[ドロップキャップ]（ドロップキャップの追加）ボタンをクリックし、一覧から[ドロップキャップのオプション]をクリックします。
3. [ドロップキャップ]ダイアログボックスの[位置]から[本文内に表示]をクリックします。
4. [オプション]の[ドロップする行数]ボックスを「2」に設定し、[OK]をクリックします。

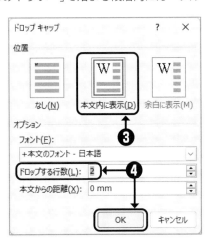

ドロップキャップの解除

解除する段落内にカーソルを移動し、[挿入]タブの[ドロップキャップ]（ドロップキャップの追加）ボタンをクリックして、一覧から[なし]をクリックします。

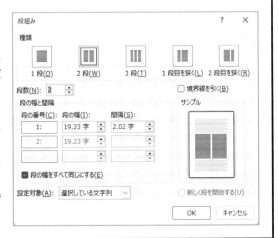

5. 段落の先頭の「チ」の文字が2行分の大きさに拡大されます。
6. 「中でもピアノ協奏曲第1番…」で始まる段落、「幅広い年代の人々に…」で始まる段落にカーソルを移動し、クイックアクセスツールバーの[繰り返し]ボタンをクリックするか、**Ctrl**＋**Y**キーまたは**F4**キーを押して操作を繰り返し、それぞれ同じ大きさのドロップキャップを設定します。

ページ全体を罫線で囲む

「ページ罫線」を設定すると、指定した種類、色、太さの罫線や絵柄でページ全体を囲むことができます。ここでは、線の種類と色を指定してページ罫線を設定します。

1. [デザイン]タブの[ページ罫線]（罫線と網掛け）ボタンをクリックします。
2. [罫線と網かけ]ダイアログボックスの[ページ罫線]タブで、左側の[種類]の[囲む]をクリックします。
3. 中央の[種類]ボックスの一覧から、中央が太い三重線[]をクリックします。
4. [色]ボックスの▼をクリックし、[テーマの色]の一覧から[オレンジ、アクセント2、白＋基本色40％]をクリックします。
5. [設定対象]ボックスに[文書全体]と表示されていることを確認し、[OK]をクリックします。

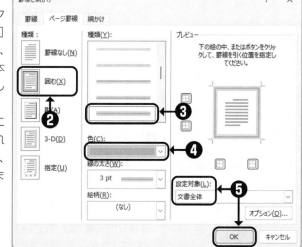

6. ページ罫線が設定されます。

罫線を引く位置
[プレビュー]の周囲に表示されているボタンをクリックするか、絵の中で罫線を引く位置をクリックすると選択できます。

ページ罫線の削除
[罫線と網かけ]ダイアログボックスの[ページ罫線]タブで、左側の[種類]から[罫線なし]をクリックします。

活用

ページ罫線にはりんごや風船、デザインされた枠線などの絵柄を設定することもできます。イベントのお知らせなどのポップな文書や子ども向けの文書などで効果的です。
絵柄の罫線を設定するには、[罫線と網かけ]ダイアログボックスの[ページ罫線]タブで[絵柄]ボックスの▼をクリックして一覧から絵柄を選択します。[線の太さ]ボックスで絵柄のサイズを調整できます。また、絵柄のデザインによっては[色]ボックスで色を選択できるものもあります。

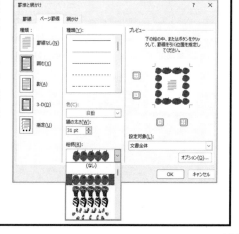

練習問題

1. 文書「W-L08-01_入力済」を開きましょう。
2. 1ページ1行目を右揃えにし、段落の罫線の「下罫線」(一本線、線の色「自動」)を設定しましょう。
3. 1ページ3行目のワードアートを右揃えで配置しましょう。
4. 以下の行に「見出し1」の組み込みスタイルを設定しましょう。
   1ページ10行目「温泉の効果」
   1ページ30行目「温泉に入る前に」
   2ページ 5行目「上手な温泉の入り方」
   2ページ31行目「入浴のタイミングと回数」
5. 以下の行に「見出し2」の組み込みスタイルを設定しましょう。
   1ページ20行目「温泉の3つの効果」
   2ページ 9行目「まずはかけ湯」
   2ページ13行目「身体を慣らす半身浴」
   2ページ19行目「ぬるめのお湯にゆったりと」
   2ページ24行目「上がり湯はしない」
   2ページ29行目「温泉から出たら」
   3ページ 9行目「こんなときは入ってはいけません」
6. 「見出し1」スタイルの書式を次のように変更し、「見出し1」スタイルを設定しているすべての箇所の書式を更新しましょう。
   フォントサイズ「14」ポイント、フォント「HGS行書体」、フォントの色「標準の色」の「濃い赤」、太字、段落の罫線の「下罫線」(一本線、線の色「標準の色」の「濃い赤」)、段落の前の間隔「0行」、段落の後の間隔「0行」
7. 「見出し2」スタイルの書式を次のように変更し、「見出し2」スタイルを設定しているすべての箇所の書式を更新しましょう。
   フォントサイズ「12」ポイント、フォント「HGS行書体」、太字、行頭文字「◆」付きの箇条書き、段落の前の間隔「0.5行」、段落の後の間隔「0行」
8. 1ページ目の見出し「温泉の効果」の下の「温泉にゆったり浸かって…」で始まる段落、「多くの温泉地は…」で始まる段落に、それぞれドロップキャップを設定しましょう。ドロップキャップの位置は「本文内に表示」、ドロップする行数は「2」に設定します。
9. 1ページ23行目の「浮力の効果」の文字列に次の書式を設定し、「ポイント」という名前のスタイルとして登録しましょう。
   設定する書式：フォントの色「標準の色」の「濃い赤」、太字、波線の下線
10. 「ポイント」スタイルを以下の文字列に設定しましょう。
    1ページ：26行目「水圧の効果」、29行目「温熱の効果」
    2ページ：10行目「かけ湯」、14行目「半身浴」、20～21行目「ぬるめの湯にゆったり」、25行目「洗い流さず」、31行目「水分補給」
       ※2ページ目の設定箇所は次ページの図を参考にしてください。
    3ページ：10行目「お酒を飲んだ後」、13行目「スポーツの直後」、17行目「風邪をひいているとき」

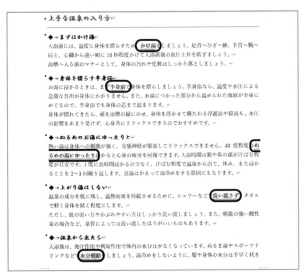

⑪ 1ページ23行目の「浮力の効果」から2ページ2行目の「…よいでしょう。」を3段組みにしましょう。

⑫ 2段目の先頭が「水圧の効果」、3段目の先頭が「温熱の効果」になるように、段区切りを挿入しましょう。

⑬ 3ページ目のテキストボックスに「枠線のみ－オレンジ、アクセント2」のスタイルを設定しましょう。

⑭ ページ全体を罫線で囲みましょう。線の色は「テーマの色」の「緑、アクセント6、黒＋基本色50％」、線の太さは「1.5pt」に設定します。

⑮ 文書を「W-L08-01」という名前で保存しましょう。

問題 8-2

① 文書「W-L08-02_入力済」を開きましょう。

② 1～4行目を横書きのテキストボックスに変換しましょう。

③ テキストボックスに「枠線－淡色1、塗りつぶし－黒、濃色1」のスタイルを設定しましょう。

④ 「見出し1」スタイルの書式を次のように変更し、「見出し1」スタイルを設定しているすべての箇所の書式を更新しましょう。
中央揃え、段落の前の間隔「0行」、段落の後の間隔「0行」

⑤ 「見出し2」スタイルの書式を次のように変更し、「見出し2」スタイルを設定しているすべての箇所の書式を更新しましょう。
フォントサイズ「12」ポイント、囲み線、段落の前の間隔「0行」、段落の後の間隔「0行」

⑥ 1ページ4行目の「設置に適した場所」から17行目の「×振動や衝撃のある場所」を2段組みにしましょう。その際、1段目の段の幅を「14字」、間隔を「4字」に設定し、境界線を引きましょう。

⑦ 2段目の先頭が「設置に適していない場所」になるように、段区切りを挿入しましょう。

⑧ 1ページ33行目の「ご使用時にご注意いただきたいこと」が2ページ目の先頭になるように、改ページを挿入しましょう。

⑨ ページ全体を次の絵柄のページ罫線で囲みましょう。絵柄の線の太さは「20pt」に設定します。

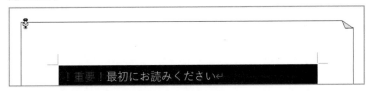

⑩ 文書を「W-L08-02」という名前で保存しましょう。

改ページ

改ページを挿入するには、新しいページの先頭にしたい位置にカーソルを移動し、［レイアウト］タブの ［区切り］（［ページ／セッション区切りの挿入］）ボタンをクリックし、［ページ区切り］の一覧から［改ページ］をクリックするか、［挿入］タブの ［ページ区切り］（ページ区切りの挿入）ボタンをクリックします。または、**Ctrl**＋**Enter** キーを押します。

Lesson 9　効率のよい長文の作成

ページ数の多い文書を作成していると文書全体の流れや見出しの重要度がわかりづらくなってきます。ここでは、文書の構造を把握しながら編集できるアウトライン機能や、文書内を効率よく移動する方法など、長文の作成に役立つ機能について学習します。

このレッスンのポイント

▶ アウトライン機能を使って文書を作成する
▶ 文書の構造を確認して変更する
▶ 文字列を検索／置換する
▶ 文書内を効率よく移動する
▶ 離れた場所を見ながら編集する

キーワード
- アウトライン機能
- アウトライン表示
- リストスタイル
- 検索
- 置換
- ナビゲーションウィンドウ
- ブックマーク
- 分割

完成例（ファイル名：地域企業のエコ活動.docx）

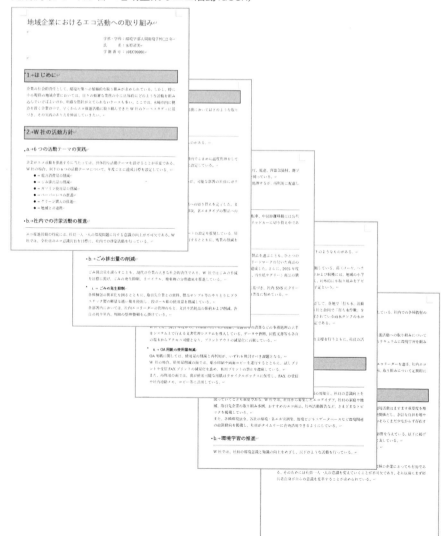

114

アウトライン機能を使って文書を作成する

論文やレポート、資料など「章、節、項」のような階層構造を持つ長文を作成するときに役に立つのが「アウトライン機能」です。アウトラインは、一般的には輪郭や大筋、概略といった意味を持つ言葉です。Wordでは、段落にレベルを設定して文書を階層化し、管理する機能をアウトライン機能といいます。設定できるレベルは1から9までの9段階の見出しと、それぞれの見出しに属するレベル設定なしの本文で、レベル1が一番上の階層になります。

●アウトライン表示への切り替え

アウトライン機能を使用して文書を作成するときは、[表示]タブの[アウトライン]ボタンをクリックして、画面の表示モードを「アウトライン表示」に切り替えます。アウトライン表示にすると、リボンに[アウトライン]タブが追加され、段落のレベルを簡単に設定することができます。また、アウトライン表示では、レベルによって行頭の位置をずらした状態で段落が表示され、文書の構造を視覚的に把握できます。

●アウトラインの作成

アウトライン表示に切り替えて、文書の大まかな構造を作成します。アウトライン表示で新規に文字を入力すると、レベル1が設定されます。レベルは簡単に変更できるので、思いつく見出しを先に大まかに入力して後からレベルを設定しても、レベルを設定しながら入力してもかまいません。レベルの変更には、[アウトライン]タブの[アウトラインツール]グループにある以下のボタンを使います。

[アウトラインレベル]ボックス

- [見出し1に変更]ボタン …… カーソルのある段落をレベル1に変更します。
- [レベル上げ]ボタン ………… カーソルのある段落のレベルを1段階ずつ上げます。
- [アウトラインレベル]ボックス … カーソルのある段落のレベルが表示されます。▼をクリックし、一覧からレベルをクリックすると、レベルを変更できます。
- [レベル下げ]ボタン ………… カーソルのある段落のレベルを1段階ずつ下げます。
- [標準文字列]ボタン ………… カーソルのある段落を本文に変更します。

ここでは先に見出しを入力し、後からレベルを変更して、本文を追加します。

1. 文書を新規作成し、次のように設定します。
・既定の段落の配置「両端揃え」、段落後「0pt」、行間「1 行」、フォントサイズ「10.5」ポイント
2. [表示]タブの[アウトライン]ボタンをクリックします。
3. アウトライン表示に切り替わり、1行目にカーソルが表示されます。[アウトライン]タブの[アウトラインレベル]ボックスに[レベル1]と表示されていることを確認します。

画面の表示モード

Wordの画面には5種類の表示モードがあります。ここまでの学習で使用してきたのは印刷レイアウト表示というモードで、印刷したときのイメージに近い状態で表示される最も一般的な表示モードです。

アウトライン表示の終了

[アウトライン]タブの[アウトライン表示を閉じる]ボタンをクリックするか、画面の右下にある[印刷レイアウト]ボタンをクリックします。

新しい段落のレベル

アウトライン表示では、Enterキーを押して新しい段落を作成すると、前の段落と同じレベルが設定されます。

アウトライン記号

アウトライン表示で、各段落の前に表示される記号をアウトライン記号といいます。その段落に属する下位のレベルの段落がある場合は⊕、ない場合は⊖が表示されます。◯が表示されている段落は本文です。

4. 1行目にカーソルがある状態で「はじめに」と入力し、**Enter**キーを押します。
5. 2行目にカーソルが表示され、同じレベルで入力できる状態になります。続けて、下図のように文字を入力します。

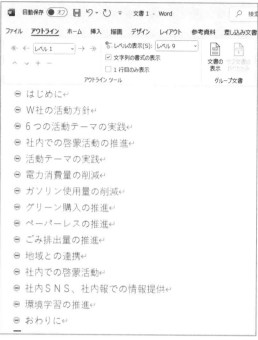

6. ここまで入力できたら、文書を「地域企業のエコ活動アウトライン」という名前で保存しておきます。
7. 続けて、入力した段落のレベルを変更し、文書を階層構造にします。3行目の「6つの活動テーマの実践」の段落内にカーソルを移動し、[アウトライン]タブの→[レベル下げ]ボタンをクリックします。
8. 段落がレベル2に変更されます。
9. 同様の操作で、下図のようにレベルを変更します。

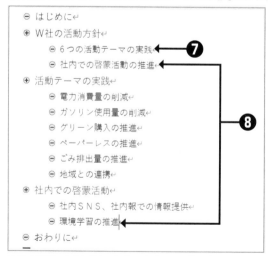

複数段落のレベル変更

複数の段落を選択してから、[アウトライン]タブの[アウトラインツール]グループの←[レベル上げ]や→[レベル下げ]などのボタンをクリックすると、まとめてレベル変更をすることができます。

10. 見出しを追加します。6行目の「電力消費量の削減」の行末にカーソルを移動し、**Enter**キーを押します。
11. 同じレベルの行が追加されます。

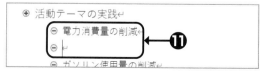

12. レベルを変更しない場合はこのまま続けて文字を入力します。ここでは、レベル3に変更します。[アウトライン]タブの→[レベル下げ]ボタンをクリックします。

13. レベル3に変更されます。

14. 「冷暖房の温度管理の徹底」と入力します。

15. 同様の操作で、下図のように文字を追加し、レベルを設定します。

レベルの変更

キー操作でもレベルを変更できます。レベルを変更する段落にカーソルを移動し、**Tab**キーを押すと1レベル下がり、**Shift**＋**Tab**キーを押すと1レベル上がります。

本文（標準スタイル）にするには、**Ctrl**＋**Shift**＋**N**キーを押します。

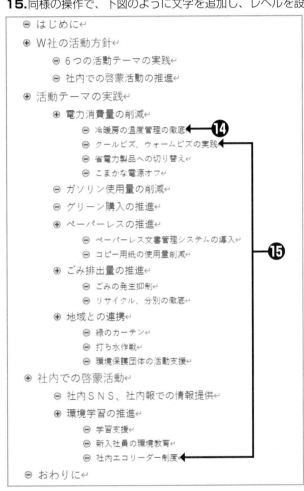

本文の編集

アウトライン表示は、文書の骨格となる構造を作成したり、見直したりする作業に適していますが、文字の書式、表、画像などが簡略化された表示になります。書式の設定、表や画像の追加など、本文の編集は印刷レイアウト表示に戻して行いましょう。

16. 本文を追加します。5行目の「活動テーマの実践」の行末にカーソルを移動し、**Enter**キーを押します。

17. レベル1の行が追加されます。

18. 本文に変更します。[アウトライン]タブの→[標準文字列]ボタンをクリックします。

19. 本文に変更されます。下図のように文字を入力します。

```
⊕ 活動テーマの実践↵
    ○ 6つの活動テーマごとの目標達成に向けて、W社では通常業務において以下のよう
      な取り組みを実践している。｜⑲
    ⊖ 電力消費量の削減↵
```

●リストスタイルの設定

リストスタイルの機能を使用すると、レベルを設定した段落に「第1章　第1節　第1項」「1　（ア）　①」など、レベルごとに番号を付けることができます。リストスタイルの一覧のうち、番号の後ろに「見出し○」と書かれたスタイルを設定すると、文書内のレベルを設定したすべての段落にまとめて番号が表示されます。ここでは、「1.見出し1　a.見出し2　i.見出し3」のリストスタイルを設定します。

1. 1行目にカーソルを移動します。
※レベルが設定されている段落であれば、他の箇所でもかまいません。

2. [ホーム]タブの[アウトライン]ボタンをクリックし、[リストライブラリ]の一覧の上から3番目、左から2番目にある[1. 見出し1　a. 見出し2　ⅰ. 見出し3]をクリックします。

[リストライブラリ]の一覧
一覧のスタイルをポイントすると、そのスタイルを見出し1～9の段落に設定したときのイメージが拡大表示されます。

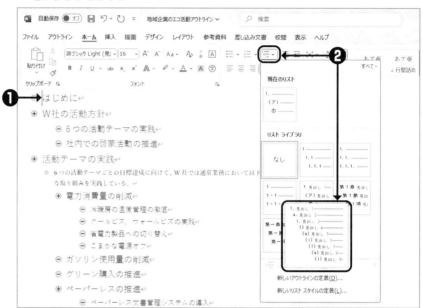

3. レベル1の段落に「1.、2.、3.…」、レベル2の段落に「a.、b.、c.…」、レベル3の段落に「ⅰ.、ⅱ.、ⅲ.…」の番号が設定されます。

リストスタイルの解除
解除する範囲を選択し、[アウトライン]ボタンをクリックし、[リストライブラリ]の一覧から[なし]をクリックします。

ここまでの操作が終わったら、作成した文書を上書き保存して閉じておきます。

活用

アウトラインレベルと、組み込みの見出しスタイルは連動しています。アウトライン表示でレベルを設定すると、レベル1の段落には「見出し1」、レベル2の段落には「見出し2」、本文の段落には「標準」のスタイルがそれぞれ設定されます。逆に、組み込みの見出しスタイルを設定すると、アウトラインのレベルが同時に設定されます。そのため、組み込みの見出しスタイルを設定している文書は、アウトライン機能を使って編集することもできます。文書のページ数が増えて全体の構造がわかりづらくなった場合には、アウトライン表示に切り替えてみましょう。文書のレイアウトにとらわれることなく、全体の構造を把握しながら流れや見出しの重要度を見直すことができます。

文書の構造を確認して変更する

アウトライン表示では、上位のレベルだけを絞り込んで表示したり、部分的に下位のレベルの表示／非表示を切り替えたりできます。文書の構造が確認しやすく、段落の移動やレベルの変更も効率よく行えます。

●文書の準備
ここからは、作成したアウトラインに、文書のタイトルや本文を追加し、見出しスタイルの書式を変更した状態の文書を使用して学習します。文書「地域企業のエコ活動_入力済」を開き、「地域企業のエコ活動」という名前を付けて保存します。

●文書の構造の確認と変更
レベル2以上の段落だけを表示して文書の流れを確認し、「ごみ排出量の削減」の段落を移動します。レベルを絞り込んだ状態で移動すると、下位のレベルの段落も一緒に移動します。

1. アウトライン表示に切り替えます。
2. [アウトライン]タブの すべてのレベル [レベルの表示]ボックスの▼をクリックし、一覧から[レベル2]をクリックします。

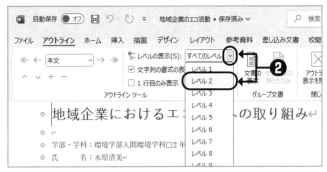

3. レベル1とレベル2の段落だけが表示されます。
4. 「e.」の「ごみ排出量の削減」を「b.」の「ガソリン使用量の削減」の上に下位のレベルの段落も含めて移動します。「ごみ排出量の削減」の段落内にカーソルを移動します。
5. [アウトライン]タブの ∧ [上へ移動]ボタンを3回クリックします。

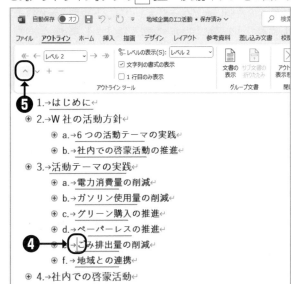

マウス操作で移動する
アウトライン記号をポイントし、マウスポインターの形が✥の状態になったら、移動先までドラッグします。ドラッグ中は横線が表示され、移動する位置の目安になります。移動先に目安の横線が表示されたら、マウスのボタンから指を離します。

下位の段落を一緒に移動しない場合
下位のレベルの段落も表示した状態で、移動したい段落内にカーソルを移動し、∧[上へ移動]ボタン、または∨[下へ移動]ボタンをクリックします。

119

下位の段落の表示、非表示の切り替え

アウトライン記号⊕をダブルクリックするたびに、下位の段落の表示／非表示が切り替わります。また、[アウトライン]タブの□[折りたたみ]ボタンをクリックするごとに、カーソルのある段落の下位の段落が一段階ずつ非表示になり、＋[展開]ボタンをクリックするごとに、カーソルのある段落の下位の段落が一段階ずつ表示されます。

6. 段落が移動し、リストスタイルの番号が「b.」に変更されます。
7. 下位のレベルの段落も移動していることを確認します。「ごみ排出量の削減」の前のアウトライン記号⊕をポイントし、マウスポインターの形が✥の状態になったら、ダブルクリックします。

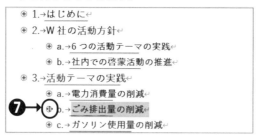

8. 下位の段落が表示されます。見出しの段落と一緒に移動していることを確認します。
9. すべての段落を表示します。[アウトライン]タブの レベル2 [レベルの表示]ボックスの▼をクリックし、一覧から[すべてのレベル]をクリックします。
10. アウトライン表示を終了します。[アウトライン]タブの [アウトライン表示を閉じる]ボタンをクリックします。
11. 印刷レイアウト表示に切り替わります。

文字列を検索／置換する

ページ数が多い文書で特定の文字列を探すのは大変ですが、「検索」や「置換」の機能を使うと、効率よく目的の文字列を探すことができます。検索は指定した文字列を探して、その位置にカーソルを移動する機能です。また、置換は指定した文字列を探して、別の文字列に置き換える機能です。

●**文字列の検索**
文書内の「グリーン購入」という文字列を検索してみましょう。

1. 文書の先頭にカーソルを移動します。**Ctrl**＋**Home**キーを押すと、文書の先頭にすばやくカーソルを移動できます。
2. [ホーム]タブの [検索]ボタンをクリックするか、**Ctrl**＋**F**キーを押します。
3. 画面の左側にナビゲーションウィンドウが表示されます。
4. 検索ボックスに「グリーン購入」と入力します。
5. 「グリーン購入」の文字列とその前後の文章の一覧がナビゲーションウィンドウに表示され、最初に見つかった文字列が選択されます。また、文書中の該当する文字列がすべてハイライト表示されます。

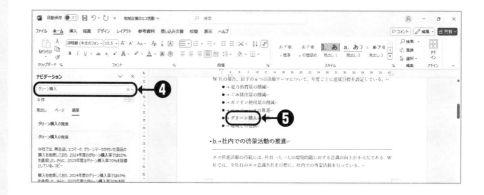

より詳細な設定で検索する

ナビゲーションウィンドウの検索ボックスの▼をクリックして[高度な検索]をクリックすると、[検索と置換]ダイアログボックスが表示され、書式などで検索することができます。また、▼をクリックして表示される一覧からグラフィックや表などを検索することも可能です。

確認しながら置換する

文字列を置き換えるかどうかを確認しながら置換する場合は、[すべて置換]の代わりに[置換]をクリックします。選択された文字列を置換する場合は[置換]、置換せずに先に進む場合は[次を検索]をクリックします。

[キャンセル]と[閉じる]

置換を実行すると、[検索と置換]ダイアログボックスの[キャンセル]が[閉じる]に変わります。

---

6. ナビゲーションウィンドウの検索結果の一覧から表示したい部分をクリックすると、その文字列が選択されます。
7. ×閉じるボタンをクリックして、ナビゲーションウィンドウを閉じます。

●文字列の置換

文書内の「コピー用紙」という文字列を「OA用紙」に置換します。

1. 文書の先頭にカーソルを移動します。
2. [ホーム]タブの[置換][置換]ボタンをクリックするか、**Ctrl**+**H**キーを押します。
3. [検索と置換]ダイアログボックスの[置換]タブで[検索する文字列]ボックスに「コピー用紙」と入力します。
4. [置換後の文字列]ボックスに「OA用紙」と入力します。
5. [すべて置換]をクリックします。

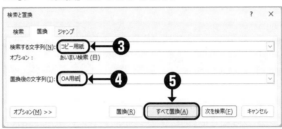

6. 「完了しました。5個の項目を置換しました。」というメッセージが表示されたら、[OK]をクリックします。
7. 文字列が置き換えられます。[閉じる]をクリックして、[検索と置換]ダイアログボックスを閉じます。

活用

[検索と置換]ダイアログボックスでは、文字列の検索や置換だけでなく、特定の書式が設定された箇所を検索したり、別の書式に置換したりできます。たとえば、書式を置換する場合は、次のように操作します。

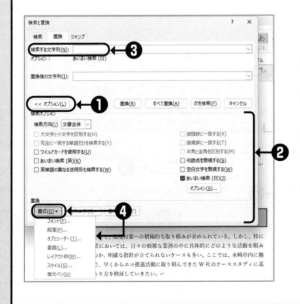

1. [検索と置換]ダイアログボックスの[置換]タブで[オプション]をクリックします。
2. ダイアログボックスが拡張され、[検索オプション]の設定項目が表示されます。
3. [検索する文字列]ボックス内をクリックします。
※書式だけを置換する場合は、[検索する文字列]ボックス、[置換後の文字列]ボックスは空欄にしておきます。
4. [書式]をクリックし、表示される一覧から検索する書式を選択します。
5. 選択した書式のダイアログボックスで、検索する書式を設定し、[OK]をクリックします。

(次ページへ続く)

6. [検索と置換]ダイアログボックスに戻り、[検索する文字列]ボックスの下に、選択した書式が表示されます。
7. 同様の操作で[置換後の文字列]の書式を設定します。
8. [すべて置換]または[置換]をクリックすると、書式だけが置換されます。

なお、書式の設定を解除する場合は、[検索する文字列]ボックスまたは[置換後の文字列]ボックス内をクリックし、[書式の削除]をクリックします。

文書内を効率よく移動する

長文の作成では、画面をスクロールし、目的の位置に移動するのに手間がかかります。このようなときは「ナビゲーションウィンドウ」に見出しの一覧を表示させたり、「ブックマーク」の機能を使用すると、効率よく文書内を移動できます。
ナビゲーションウィンドウでは、見出しスタイルを設定した段落だけを階層構造で表示させることができます。この中の見出しをクリックすると、文書内の対応する見出しの位置にカーソルが移動します。ブックマークは、文書内の文字や図、表など特定の範囲や位置に名前を付けてマークしておく付箋やしおりのような機能です。ブックマークは文書内に何カ所でも挿入できます。

●見出し一覧の表示
ナビゲーションウィンドウに見出しの一覧を表示し、カーソルを移動してみましょう。

1. [表示]タブの[ナビゲーションウィンドウ]チェックボックスをオンにします。
2. 画面の左側にナビゲーションウィンドウが表示されます。
3. [見出し]をクリックします。
4. 見出しの一覧が表示されます。
5. 見出し[3.活動テーマの実践]をクリックします。
6. 文書内の対応する見出しの位置にカーソルが移動します。
7. ×閉じるボタンをクリックして、ナビゲーションウィンドウを閉じます。

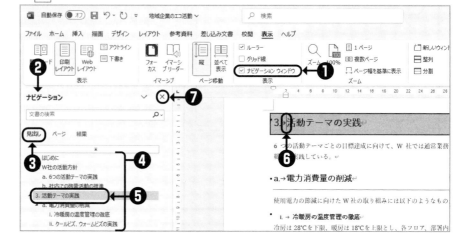

ページの一覧を表示する
ナビゲーションウィンドウで[ページ]をクリックすると、文書内のページのイメージが一覧表示されます。表示したいページをクリックすると、そのページへジャンプします。

●ブックマークの使用

1ページ16行目の文字列「6つの活動テーマ」、2ページ13行目の文字列「LED照明器具」の2カ所にブックマークを挿入した後、ブックマークの位置に移動しましょう。

1. 1ページ16行目の「6つの活動テーマ」の文字列を選択します。
2. [挿入]タブの [ブックマーク]（ブックマークの挿入）ボタンをクリックします。
3. [ブックマーク]ダイアログボックスの[ブックマーク名]ボックスに「テーマ」と入力し、[追加]をクリックします。

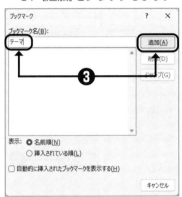

4. ダイアログボックスが閉じます。
5. 同様の操作で、2ページ13行目の「LED照明器具」の文字列に「照明」という名前のブックマークを挿入します。
6. 挿入したブックマークへの移動を確認します。文書の先頭にカーソルを移動します。
7. [挿入]タブの [ブックマーク]（ブックマークの挿入）ボタンをクリックします。
8. [ブックマーク]ダイアログボックスの一覧から[テーマ]をクリックし、[ジャンプ]をクリックします。
9. 「6つの活動テーマ」が選択された状態になります。
10. [閉じる]をクリックして、[ブックマーク]ダイアログボックスを閉じます。

ダイアログボックスの移動
手順9で文字がダイアログボックスの下に隠れてしまう場合は、ダイアログボックスのタイトルバーをドラッグして移動し、確認してください。

[キャンセル]と[閉じる]
ジャンプを実行すると、[ブックマーク]ダイアログボックスの[キャンセル]が[閉じる]に変わります。

活用

文書内を移動するには、ほかにも次のような方法があります。

・**[検索と置換]ダイアログボックスの[ジャンプ]タブで移動する**

[ホーム]タブの [検索]ボタンの▼をクリックして、一覧から[ジャンプ]をクリックするか、**Ctrl** + **G**キーまたは**F5**キーを押します。[検索と置換]ダイアログボックスの[ジャンプ]タブで、[移動先]ボックスの一覧から、移動先を選択します。選択した移動先によってダイアログボックスの右側に表示されるボックスの名称やボタンが変わります。右側のボックスで移動する位置を指定し、[ジャンプ]または[前へ][次へ]などをクリックすると、指定した位置にカーソルが移動します。

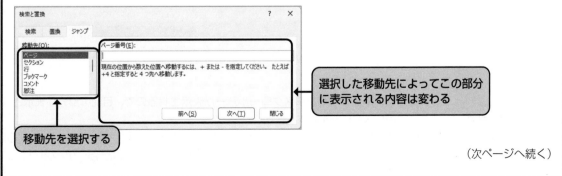

（次ページへ続く）

・ハイパーリンクを挿入する

同じ文書内の見出しやブックマークに移動できるほか、別の文書やExcelなど、ほかのアプリケーションで作成したファイルを開くように設定することもできます。次のように操作します。

1. ハイパーリンクを挿入する文字や画像を選択します。
2. [挿入]タブの[リンク][リンク]（ハイパーリンクの追加）ボタンをクリックするか、**Ctrl**＋**K**キーを押します。
3. [ハイパーリンクの挿入]ダイアログボックスで[リンク先]を選択します。同じ文書内の見出しやブックマークを指定するときは、[このドキュメント内]をクリックし、右側に表示される一覧から移動先を指定します。別の文書やファイルを開くときは[ファイル、Webページ]を選択し、右側に表示される一覧から文書やファイルを指定します。Webページへのリンクを設定するときは、[アドレス]ボックスにURLを入力します。
4. [OK]をクリックすると、ハイパーリンクが挿入されます。
5. **Ctrl**キーを押しながらクリックすると、指定した位置に移動したり、リンク先のファイルを開いたりできます。文字にハイパーリンクを挿入した場合はフォントの色が変わり、下線が設定されます。

なお、ハイパーリンクを削除するときは、ハイパーリンクが挿入されている範囲の上で右クリックし、ショートカットメニューの[ハイパーリンクの削除]をクリックします。

離れた場所を見ながら編集する

たとえば1ページ目の内容を参照しながら5ページ目を編集したいという場合、画面をその都度スクロールするのは大変です。そのようなときはウィンドウの「分割」の機能を使うと、画面の上側と下側に同じ文書の異なる部分をそれぞれ表示できます。

1. [表示]タブの[分割][分割]ボタンをクリックします。
2. 灰色の分割バーが表示され、ウィンドウが上下に分割されます。

分割する位置の変更
分割バーをポイントし、マウスポインターの形が⇕の状態になったら、上下にドラッグして位置を調整します。

[分割の解除]ボタン
分割を実行すると[分割][分割]ボタンが[分割の解除][分割の解除]ボタンに変わります。

3. 上側、下側それぞれにスクロールバーが表示されるので、目的の部分が表示されるようにスクロールします。
4. 編集が終わったら、[表示]タブの[分割の解除][分割の解除]ボタンをクリックするか、分割バーをポイントし、マウスポインターの形が⇕になったらダブルクリックして、分割を解除します。

練習問題

1 文書を新規作成し、次のように既定の段落とフォントを設定しましょう。
配置：「両端揃え」　段落後：「0pt」　行間：「1行」
フォントサイズ：「10.5」ポイント

2 アウトライン表示に切り替えましょう。

3 次のように文字を入力し、アウトラインレベル1～3を設定しましょう。

```
⊕ 敬語の基礎知識
    ⊕ 敬語の種類
        ⊖ 尊敬語とは
        ⊖ 謙譲語とは
        ⊖ 丁寧語とは
    ⊕ 間違えやすい敬語の使い分け
        ⊖ 二重敬語
        ⊖ 尊敬語と謙譲語
        ⊖ 相手との関係
⊕ シーン別敬語の使い方
    ⊖ ビジネス必須敬語
    ⊕ 社内にて
        ⊖ 日常業務にて
        ⊖ 訪問者への応対にて
        ⊖ 上司と先輩
    ⊕ 社外にて
        ⊖ 取引先にて
        ⊖ 訪問先にて
        ⊖ プレゼンテーションにて
    ⊖ 冠婚葬祭にて
⊕ 話す敬語と書く敬語
    ⊕ 話す敬語
        ⊖ 会って話す
        ⊖ 電話で話す
    ⊕ 書く敬語
        ⊖ 手紙
        ⊖ はがき
        ⊖ ビジネス文書
        ⊖ メール
```

4「第1章 見出し1　第1節 見出し2　第1項 見出し3」のリストスタイルを設定しましょう。

5「第2章」が「話す敬語と書く敬語」、「第3章」が「シーン別敬語の使い方」になるように、下位のレベルの段落も含めて入れ替えましょう。

6 文書内の「にて」という文字列をすべて「では」に置換しましょう。

7 文書を「W-L09-01」という名前で保存しましょう。

問題 9-2

1. 文書「W-L09-02_入力済」を開きましょう。
2. アウトライン表示に切り替えて、1ページ10行目の「実施期間」にアウトラインレベル3を設定しましょう。
3. レベル3以上の段落だけを表示して、図のように文書の構造を変更しましょう。
   - 「健康診査の対象にならない方」を本文も含めて「受診券が届いていない方・紛失された方」の下に移動しましょう。
   - 「これからの季節に多い細菌性食中毒」のアウトラインレベルをレベル2に変更しましょう。
   - 「狂犬病予防接種のお知らせ」と「救急医療講習会報告」を下位のレベルの段落も含めて入れ替えましょう。
   - 変更後、すべてのレベルの段落を表示し、アウトライン表示を終了しましょう。

```
⊕ 特定健康診査がはじまります！↵
    ⊕ 実施概要↵
        ⊕ 実施期間↵
        ⊕ 実施場所・申し込み方法↵
        ⊕ 実施料金↵
    ⊕ 健康診査受診の注意事項↵
        ⊕ 受診時のご注意↵
        ⊕ 受診券が届いていない方・紛失された方↵
        ⊕ 健康診査の対象にならない方↵
⊕ 食中毒にご注意を↵
    ⊕ 食中毒とは↵
    ⊖ これからの季節に多い細菌性食中毒↵
        ⊕ 毒素型↵
        ⊕ 感染型↵
        ⊕ 中間型↵
    ⊕ 予防の三原則は「つけない」「増やさない」「殺菌」↵
        ⊕ 細菌をつけない！↵
        ⊕ 細菌を増やさない！↵
        ⊕ 殺菌！↵
⊕ 救急医療講習会報告↵
    ⊕ AED（自動体外式除細動器）による救命救急講習会↵
    ⊕ 今後の開催予定↵
⊕ 狂犬病予防接種のお知らせ↵
    ⊕ 実施概要↵
```

4. フォントの色の「標準の色」の「緑」が設定されている文字の書式だけをフォントの色の「標準の色」の「濃い赤」、太字に置換しましょう。
5. ブックマーク「健診会場」にジャンプし、選択された範囲を太字にしましょう。
6. 文書内の「食中毒を予防」という文字列を検索しましょう。なお、文書内に「食中毒を予防」という文字列は1カ所しかありません。
7. 検索した「食中毒を予防」の文字列に、見出し「予防の三原則は「つけない」「増やさない」「殺菌」」へ移動するためのハイパーリンクを挿入しましょう。
8. 文書を「W-L09-02」という名前で保存しましょう。

Lesson 10 長文の編集と加工

ページ数の多いマニュアルやガイド、企画書などの文書には、表紙や目次、ページ番号を挿入すると、体裁がよくなり、文書全体の構造もわかりやすくなります。ここでは、長文を編集して文書全体の完成度を高める方法を学習します。

キーワード
- □□表紙
- □□コンテンツ
  コントロール
- □□目次
- □□脚注
- □□セクション
- □□ヘッダー
- □□フッター
- □□ページ番号

このレッスンのポイント

▶ 表紙を作成する
▶ 目次を作成する
▶ 脚注を付ける
▶ 文書をセクションで区切る
▶ ヘッダーやフッターを設定する
▶ ページ番号を設定する

完成例（ファイル名：ビジネス英会話コースのご案内.docx）

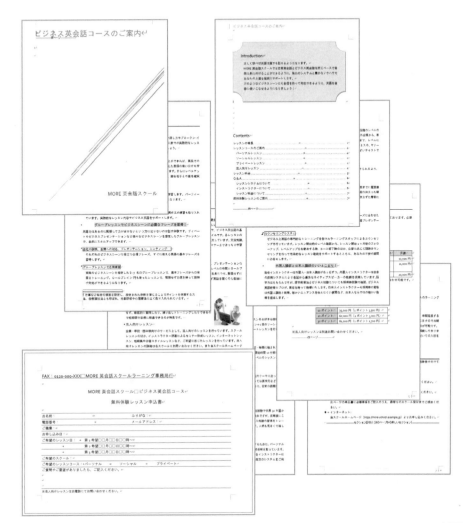

表紙を作成する

Wordに用意されている組み込みの「表紙」を使用すると、簡単に文書に表紙を追加できます。組み込みの表紙には、背景のデザインや書式とともに、文書のタイトルや作成者、日付などの情報を入力するための枠が用意されています。この枠のことを「コンテンツコントロール」といいます。コンテンツコントロールに必要項目を入力するだけで、見栄えのよい表紙が完成します。

●文書の準備
文書「ビジネス英会話コースのご案内_入力済」を開きましょう。次に、開いたファイルを「ビジネス英会話コースのご案内」という名前を付けて保存します。

●表紙の挿入
ここでは、組み込みの表紙「スライス（淡色）」を挿入し、文書のタイトル、学校名を入力して、文字のサイズを変更します。また、不要なコンテンツコントロールを削除します。

1.[挿入]タブの[表紙▼][表紙]（表紙の追加）ボタンをクリックし、［組み込み］の一覧から[スライス（淡色）]をクリックします。

表紙の削除
[挿入]タブの[表紙▼][表紙]（表示の追加）ボタンをクリックし、一覧から[現在の表紙を削除]をクリックします。

2.先頭のページに表紙が挿入されます。

3.文書のタイトルを入力します。[文書のタイトル]の上をクリックします。

4.文字列が選択されるので、「ビジネス英会話コースのご案内」と入力します。

128

コンテンツコントロールの削除

コンテンツコントロールの上で右クリックし、ショートカットメニューの[コンテンツコントロールの削除]をクリックしても削除できます。

表紙の日付

「年月日」が入力できる表紙もあります。日付のコンテンツコントロールの上をクリックし、表示される▼をクリックすると、カレンダーから日付を選択できる場合もあります。

5. サイズを変更します。入力した「ビジネス英会話コースのご案内」を選択し、[ホーム]タブの 32 [フォントサイズ]ボックスの▼をクリックし、一覧から[28]をクリックします。
6. 文字とコンテンツコントロールのサイズが変更されます。
7. 学校名を入力します。[学校]の上をクリックし、「MORE英会話スクール」と入力します。
8. サブタイトルを削除します。[文書のサブタイトル]の上をクリックし、コンテンツコントロールの枠線の左上に表示される[サブタイトル]という見出し部分をクリックして、**Delete**キーを押します。

9. 同様の操作でコースのコンテンツコントロールを削除します。

目次を作成する

「目次」を作成すると、文書のどこに何が記載されているかがわかりやすくなります。文書に組み込みの見出しスタイルを設定してアウトラインレベルが適用されている場合は、目次を簡単に挿入できます。また、目次の挿入後にページ数や見出しの文字が変わった場合も変更を反映できます。
ここでは、2ページ目の「Contents」の下に目次を挿入します。この文書には、組み込みの見出しスタイル1～4を設定しています。アウトラインレベルが2以上の見出しだけを目次として表示するようにします。

改ページ

「Contents」の下に[改ページ]という編集記号が表示されています。改ページを挿入すると、文書の任意の位置でページを改めることができます。改ページを挿入するには、新しいページの先頭にしたい位置にカーソルを移動し、[挿入]タブの[ページ区切り](ページ区切りの挿入)ボタンをクリックするか、**Ctrl**+**Enter**キーを押します。

目次の書式

[目次]ダイアログボックスでは、ページ番号の表示/非表示や位置、タブリーダーの種類を選択できます。また、[書式]ボックスの▼をクリックすると、フォントやスタイルを組み合わせた6種類のパターンの中から書式を選択できます。

1. 2ページ目の「Contents」の下の行にカーソルを移動します。
2. [参考資料]タブの[目次]ボタンをクリックし、一覧から[ユーザー設定の目次]をクリックします。
3. [目次]ダイアログボックスの[目次]タブで、[全般]の[アウトラインレベル]ボックスを「2」に設定し、[OK]をクリックします。

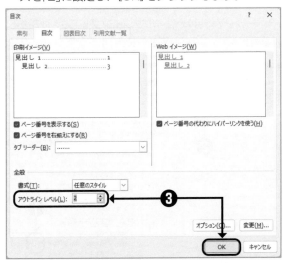

自動作成の目次

[目次]ボタンをクリックすると、一覧に[組み込み]の[自動作成の目次]が表示されます。これを選択すると、アウトラインレベル3以上に設定したすべての見出しを含んだ目次が自動的に作成されます。ここではアウトラインレベル2以上の見出しを目次として表示するために、[目次]ダイアログボックスを利用しています。

4. 目次が挿入されます。目次にはハイパーリンクが挿入されていて、**Ctrl**キーを押しながら項目をクリックすると、対応する見出しの位置に移動できます。

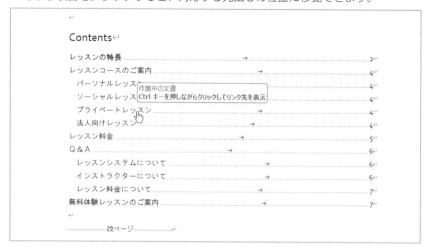

活用

目次を挿入した後でページ数や文書の構造が変わった場合は、目次と文書の内容に矛盾が生じないように目次を更新して変更を反映しましょう。
ページ数が変わった場合や、見出しの文字やレベルを変更した場合は、目次内にカーソルを移動し、[参考資料]タブの [目次の更新]ボタンをクリックすると、ページ番号と文字やレベルの変更が更新されます。
また、目次に表示したい項目が新たにできた場合は、まず、文書内の目次に追加したい段落にカーソルを移動します。次に、[参考資料]タブの [テキストの追加]ボタンをクリックし、一覧から見出しのレベルを選択します。その後、上記の手順で目次を更新すると、目次に項目が追加されます。

脚注を付ける

文書内に、専門用語など補足説明が必要な語句がある場合は、「脚注」の機能を使用して各ページの下部または文書の末尾に説明を追加します。
ここでは、3ページ27行目の「ロールプレイング」という語句の説明を同じページの下部に表示する脚注を設定します。

1. 3ページ27行目の「ロールプレイング」の文字列の後ろにカーソルを移動します。
2. [参考資料]タブの [脚注の挿入]ボタンをクリックします。

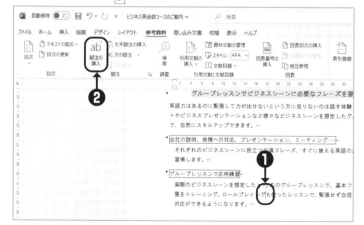

130

脚注記号

本文の脚注を挿入した位置に表示される小さな番号を脚注記号といいます。脚注を追加、削除、移動すると脚注記号の番号は自動的に更新されます。

脚注の削除

本文内の脚注記号を選択し、**Delete**キーを押します。

3. カーソルの位置に脚注記号が挿入され、ページの下部に境界線と脚注内容を入力する領域が作成されます。

4. 次のように説明文を入力します。

展をトレーニング。ロールプレイングも使ったレッスンで、緊張せず自信を持って説明や対応ができるようになります。

❸

仕事など特定の場面を設定し、設定された役割を演じることでポイントを体得する方法、役割演技法とも呼ばれ、社員研修や心理療法に広く取り入れられています。◀❹

活用

文書の末尾にまとめて脚注を挿入する場合は、[参考資料]タブの　文末脚注の挿入　[文末脚注の挿入]ボタンをクリックし、同様に操作します。

また、脚注記号の書式や番号の付け方などの詳細を変更する場合は、脚注を挿入する位置にカーソルを移動し、[参考資料]タブの[脚注]グループ右下の　[脚注と文末脚注]ボタンをクリックします。[脚注と文末脚注]ダイアログボックスが表示されるので、詳細を設定して[OK]をクリックします。

文書をセクションで区切る

文書は、任意の位置で複数の「セクション」に区切ることができます。セクションを区切ると、文書内の一部のページだけ用紙のサイズや印刷の向きを変えたり、ページ罫線を設定したりするなど、文書内に異なるページ設定を混在させることができます。
また、段組みなど特定の書式を設定した場合は、自動的にセクション区切りが挿入され、段組み部分とその前後が異なるセクションになります。

●セクション番号の表示

カーソルのある位置が何番目のセクションであるかがわかりやすいように、ステータスバーにセクション番号を表示します。ステータスバーの上で右クリックし、ショートカットメニューの[セクション]をクリックして、チェックが付いた状態にします。セクション番号が表示されたら文書内をクリックし、ショートカットメニューを閉じます。

●セクション区切りの挿入

ここでは、文書の最後の「体験レッスン申込書」のページのみ印刷の向きを横向きに変更し、ページ罫線を設定します。また、設定後に、印刷プレビューで複数ページを表示して確認してみましょう。

1. 8ページ27行目の「FAX：0120-000…」の行頭にカーソルを移動します。

2. [レイアウト]タブの　区切り　[区切り]（ページ／セクション区切りの挿入）ボタンをクリックし、[セクション区切り]の一覧から[次のページから開始]をクリックします。

131

3. セクション区切りが挿入され、カーソルの位置でページが改まり、ステータスバーにセクション2と表示されます。また、前のページの末尾に[セクション区切り(次のページから新しいセクション)]の編集記号が表示されます。

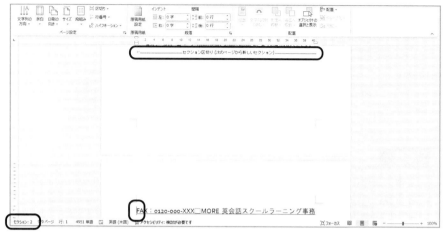

4. セクション2の印刷の向きを変更します。セクション2にカーソルがある状態で、[レイアウト]タブの[印刷の向き]（ページの向きを変更）ボタンをクリックし、一覧から[横]をクリックします。
5. セクション2の印刷の向きが横向きに変更されます。
6. セクション2にページ罫線を設定します。セクション2にカーソルがある状態で、[デザイン]タブの[ページ罫線]（罫線と網掛け）ボタンをクリックします。
7. [罫線と網かけ]ダイアログボックスの[ページ罫線]タブで、左側の[種類]の[囲む]をクリックします。
8. [設定対象]ボックスの▼をクリックし、一覧から[このセクション]をクリックして、[OK]をクリックします。

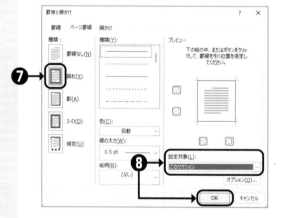

9. セクション2のみページ罫線が設定されます。
10. 印刷プレビューを表示して文書全体を確認します。[ファイル]タブをクリックし、[印刷]をクリックします。
11. [印刷]画面の右側の領域に印刷プレビューが表示されます。複数のページを表示します。印刷プレビューの右下のズームスライダーをドラッグするか−[縮小]ボタンをクリックし、表示倍率を20%まで縮小します。

12. 印刷プレビューにすべてのページが表示され、9ページ目だけ、印刷の向きが異なり、ページ罫線が設定されていることが確認できます。

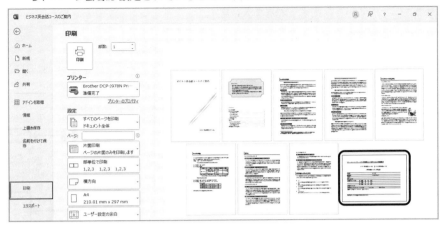

13. ←ボタンをクリックし、文書の表示を戻します。

> **活用**
>
> ここでは、文書の最後のページの設定を変更したため、セクション区切りをセクションの前に1カ所だけ挿入しましたが、文書の途中のページの設定を変更する場合は、前後にそれぞれセクション区切りを挿入します。その後、該当のセクション内にカーソルを移動して設定を変更します。
> また、ページを改めずに、同じページ内に1行の文字数が異なる部分などを混在させたいときは、セクション区切りを挿入するときに、[区切り▼][区切り]（ページ／セクション区切りの挿入）ボタンの[セクション区切り]の一覧から[現在の位置から開始]をクリックします。

ヘッダーやフッターを設定する

ページの上下の余白の部分に、文書のタイトルや日付、作成者、会社や商品のロゴなど、文書全体に共通する情報を表示し、文書を管理しやすくすることができます。上部の余白に表示する情報を「ヘッダー」、下部の余白に表示する情報を「フッター」といいます。

●ヘッダー／フッターについて

ヘッダー／フッターには、通常は文書を通して同じ内容を表示しますが、先頭のページだけ異なる設定にすることや、偶数ページと奇数ページで異なる設定にすることもできます。セクションを区切っている文書では、さらにセクションごとに異なる設定にすることができます。

ヘッダー／フッターには、組み込みのヘッダー／フッターと独自に設定するヘッダー／フッターがあります。組み込みのヘッダー／フッターには、背景のデザインや書式、コンテンツコントロールがあらかじめ設定されています。コンテンツコントロールは表紙のコンテンツコントロールと連動していて、たとえば、表紙に文書のタイトルが入力されているときは、ヘッダー／フッターにも同じタイトルが表示されます。独自のヘッダー／フッターには、任意の文字や図を自由に配置できます。

また、ヘッダー／フッターを挿入すると、リボンに[ヘッダーとフッター]タブが追加されます。このタブには、ヘッダー／フッターの表示方法を変更したり、ヘッダーとフッターの間を移動したりするなど、ヘッダー／フッターを編集するための機能が用意されています。

フッターの挿入

フッターを挿入する場合は、[挿入]タブの[フッター][フッター](フッターの追加)ボタンをクリックし、同様に操作します。

ヘッダー/フッターの削除

[ヘッダー][ヘッダー](ヘッダーの追加)(または[フッター][フッター](フッターの追加))ボタンをクリックし、一覧から[ヘッダーの削除](または[フッターの削除])をクリックします。

9ページ目のヘッダー

複数のセクションで構成される文書は、前のセクションの設定が継承され、同じヘッダー/フッターが表示されます。この文書の場合は、[先頭ページのみ別指定]がオンである設定も継承されているため、セクション2の先頭ページにあたる9ページ目にもヘッダーが表示されません。

表紙のヘッダー

組み込みの表紙にはヘッダーやフッターが挿入されません。表紙にも挿入したいときは、[ヘッダーとフッター]タブの[先頭ページのみ別指定]チェックボックスをオフにします。

●ヘッダーの挿入

ここでは、表紙と最終ページを除くすべてのページに組み込みのヘッダー「サイドライン」を挿入します。

1. 2ページ目にカーソルを移動します。

2. [挿入]タブの[ヘッダー][ヘッダー](ヘッダーの追加)ボタンをクリックし、[組み込み]の一覧から[サイドライン]をクリックします。

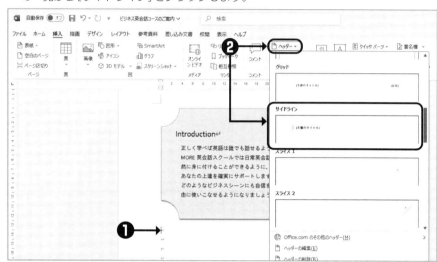

3. ヘッダーが挿入されます。「サイドライン」にはタイトルのコンテンツコントロールが含まれているため、表紙に入力した文書のタイトル「ビジネス英会話コースのご案内」が自動的に表示されます。

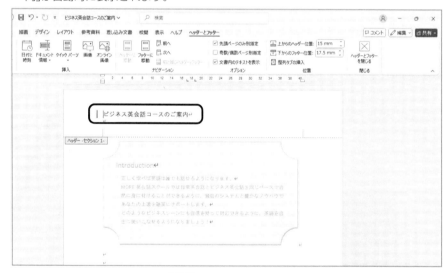

4. [ヘッダーとフッター]タブの[ヘッダーとフッターを閉じる]ボタンをクリックして、ヘッダーの編集を終了します。

5. 3〜8ページ目を表示し、同じ位置に同じ内容のヘッダーが挿入されていることを確認します。

6. 9ページ目を表示し、ヘッダーが挿入されていないことを確認します。

7. 1ページ目を表示し、表紙にはヘッダーが挿入されていないことを確認します。

活用

ヘッダーやフッターが挿入されている領域は、本文の編集中は淡い色で表示されます。ヘッダーやフッターの編集中は、本文の領域と点線で区切られ、本文の領域が淡い色で表示されます。ヘッダー/フッターの活用方法を確認しておきましょう。

・**ヘッダー/フッターを挿入後に編集する**
ヘッダーやフッターの領域をダブルクリックするか、[挿入]タブの[ヘッダー][ヘッダー](ヘッダーの追加)(または[フッター][フッター](フッターの追加))ボタンをクリックし、一覧から[ヘッダーの編集](または[フッターの編集])をクリックします。ヘッダーやフッターの領域が濃い色、本文の領域が淡い色になり、ヘッダーやフッターを編集できる状態になります。その際、[ヘッダーとフッター]タブの[ナビゲーション]グループのボタンを使うと、ヘッダーとフッターの間や、セクション間でのカーソルの移動をすばやく行えます。

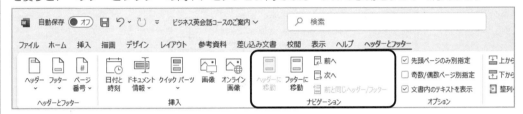

・**独自のヘッダー/フッターを挿入する**
組み込みのヘッダー/フッターを利用せず、独自のヘッダー/フッターを挿入する場合は、[挿入]タブの[ヘッダー][ヘッダー](ヘッダーの追加)(または[フッター][フッター](フッターの追加))ボタンをクリックし、一覧から[ヘッダーの編集](または[フッターの編集])をクリックします。ヘッダーまたはフッターの領域にカーソルが移動するので、任意の文字を入力します。入力したヘッダーやフッターは、文書内の文字と同様に、[ホーム]タブのボタンを使って、フォントサイズやフォントの色、配置などの書式を変更できます。また、会社や商品のロゴなどの図を挿入する場合は、[ヘッダーとフッター]タブの[画像](ファイルから)ボタンをクリックし、[図の挿入]ダイアログボックスで挿入する画像ファイルを指定します。

・**セクションとヘッダー/フッター**
複数のセクションで構成される文書は、前のセクションのヘッダー/フッターの設定が継承されます。前のセクションと異なるヘッダー/フッターを設定する場合は、次のように操作します。
1. ヘッダー/フッターの設定を変更するセクション内にカーソルを移動し、ヘッダー/フッターを編集できる状態にします。
2. [ヘッダーとフッター]タブの[前と同じヘッダー/フッター][前と同じヘッダー/フッター]ボタンをクリックしてオフにします。
3. 前のセクションの設定が継承されなくなります。挿入されているヘッダー/フッターを変更するか、新しいヘッダー/フッターを挿入します。ただし、コンテンツコントロールの文字を変更すると、表紙や他のセクションに反映されてしまうので注意が必要です。

ページ番号を設定する

ページが複数になる文書には、「ページ番号」を挿入するのが一般的です。Wordではページ番号はヘッダーやフッターの一部として扱われ、挿入したページ番号は[ヘッダーとフッター]タブを使って編集できます。
ここでは、表紙と最終ページを除く各ページの下部にページ番号を挿入します。

1. 2ページ目にカーソルを移動します。
2. [挿入]タブの [ページ番号] [ページ番号]（ページ番号の追加）ボタンをクリックし、[ページの下部]をポイントして、[Xページ]の一覧から[強調線2]をクリックします。

ページ番号の挿入
組み込みのヘッダーやフッターにもページ番号が含まれているものがあります。[ヘッダー] [ヘッダー]（ヘッダーの追加）ボタンや [フッター] [フッター]（フッターの追加）ボタンの一覧から選択し、挿入できます。

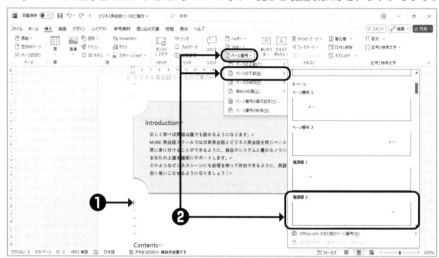

3. ページの下部右端にページ番号「1」が挿入されます。

ページ番号の削除
[挿入]タブの [ページ番号] [ページ番号]（ページ番号の追加）ボタンをクリックし、一覧から[ページ番号の削除]をクリックします。

4. [ヘッダーとフッター]タブの [ヘッダーとフッターを閉じる]ボタンをクリックして、ページ番号の編集を終了します。
5. 3〜8ページ目を表示し、ページ番号が「2」「3」「4」…「7」と表示されていることを確認します。
6. 1ページ目、9ページ目を表示し、ヘッダーと同様に表紙やセクション2の先頭のページには、ページ番号が挿入されていないことを確認します。

活用

表紙を「1」と数え、2ページ目からページ番号が「2」と表示されるように変更するには、次のように操作します。

1. 2ページ目にカーソルを移動し、[挿入]タブの [ページ番号 ▼] [ページ番号]（ページ番号の追加）ボタンをクリックし、一覧から[ページ番号の書式設定]をクリックします。
2. [ページ番号の書式]ダイアログボックスの[連続番号]の[開始番号]ボックスを「2」に設定して、[OK]をクリックします。

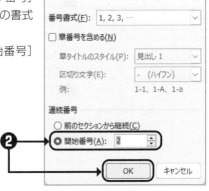

3. 2ページ目のページ番号が「2」に変更されます。

4. 3～8ページ目を表示し、ページ番号が「3」「4」「5」…「8」と表示されていることを確認します。

目次のページ番号は自動的には変更されません。ページ番号を変更した場合は、目次を更新します。

1. 2ページ目の目次内にカーソルを移動します。
2. [参考資料]タブの [目次の更新] [目次の更新]ボタンをクリックします。

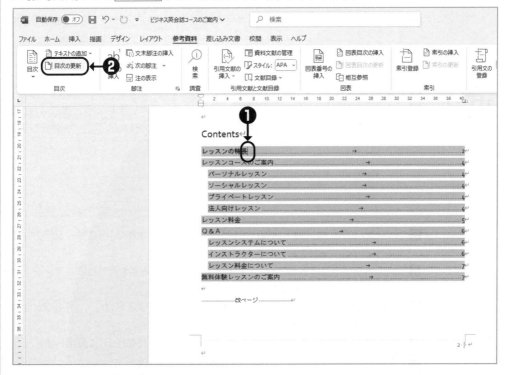

3. 目次のページ番号が更新されます。

練習問題

1. 文書「W-L10-01_入力済」を開きましょう。
2. 組み込みの表紙「セマフォ」を挿入し、以下の内容を入力しましょう。その他のコンテンツコントロールは削除します。
   文書のタイトル：「お手続きガイド」
   サブタイトル：「各種変更手続きのご案内」
   会社名：「アース生命」　フォントサイズ「16」ポイント
3. 2ページ目の「目次」の下に、以下のような目次を挿入しましょう。書式は「文語体」、アウトラインレベルは「2」を選択します。

```
目次
お手続きのお願い ............................................................. 2
お手続きの流れ ............................................................... 2
お手続き先について ......................................................... 3
    お手続き方法とご連絡先 ............................................ 3
    変更内容とご利用いただけるお手続き方法 ................... 3
お問い合わせ .................................................................. 4
    お問い合わせ先 ........................................................ 4
    こんなときは？ ......................................................... 4
```

4. 4ページ10行目の「ご契約者専用ページ」の文字列の後ろに以下の内容の脚注を挿入しましょう。脚注は同じページ内に表示されるようにします。
   「初回ご利用時にWebカスタマーサービス利用登録が必要です。」
5. 6ページ12行目の「変更ご連絡シート」から、ページとセクションが改まるようにセクション区切りを挿入しましょう。
6. セクション2のみ用紙サイズをB5に設定しましょう。
7. 2～6ページに組み込みのヘッダー「セマフォ」を挿入しましょう。作成者のコンテンツコントロールは削除します。
8. 2～6ページのページの下部に「番号のみ」の「2本線 2」のページ番号を挿入しましょう。
9. 文書を「W-L10-01」という名前で保存しましょう。

1. 文書「W-L10-02_入力済」を開きましょう。
2. 1ページ目の「目次」の下に、以下のような目次を挿入しましょう。書式は「任意のスタイル」、アウトラインレベルは「1」、タブリーダーの種類は ＿＿ を選択します。

```
目次
はじめに _____ 1
個人情報について理解していますか？ _____ 1
個人情報の漏えいを防ぐには _____ 2
```

3. 1ページ目の見出し「個人情報について理解していますか？」が2ページ目の先頭になるように、改ページを挿入しましょう。
4. 独自のヘッダーを挿入し、「個人情報保護ガイド」と文字を入力して、フォントサイズを「9」ポイントに設定しましょう。
5. 3ページの29行目の「別紙：個人情報保護チェックリスト」から、ページとセクションが改まるようにセクション区切りを挿入しましょう。
6. セクション2のみ、上下左右の余白を「40」mm、行数を「25」に設定しましょう。
7. セクション2のみ、ヘッダーを削除しましょう。
8. 4ページ1行目の「別紙：個人情報保護チェックリスト」を目次に追加しましょう。
9. 目次を更新しましょう。
10. 文書を「W-L10-02」という名前で保存しましょう。

Lesson 11　共同作業と文書の保護

文書の作成では、作成中の文書を他者に確認してもらったり、完成した文書を配布したりするなど、複数の人と共同作業をすることがよくあります。ここでは、コメントや変更履歴、文書の保護など、共同作業に役立つ機能について学習します。

キーワード
□□コメント
□□変更履歴
□□比較
□□編集の制限
□□パスワードを
　　使用して暗号化

このレッスンのポイント

▶ 文書にコメントを付ける
▶ 変更履歴を記録する
▶ 変更履歴を反映する
▶ 2つの文書を比較する
▶ 文書を編集できないように保護する
▶ 文書を開けないように保護する

完成例（ファイル名：セミナーアンケート11_03.docx）
1ページ目　　　　　　　　　　　　　　2ページ目

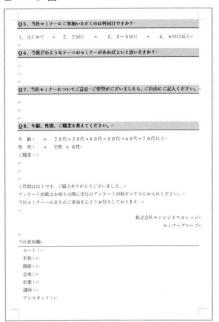

文書にコメントを付ける

「コメント」は、文書に付箋を貼り付けるような感覚で、メモや伝言を追加できる機能です。文書の内容そのものを変更することなく、作成中の文書に自分用の覚書を記入しておいたり、ほかの人が作成した文書を校閲するときに質問や意見を書き込んだりできます。コメントは、書き込んだ人の名前が付けられ、書き込んだ人ごとに枠の色も変わります。複数の人で1つの文書を校閲するときには、コメントの枠の色や名前で、誰が書き込んだコメントかが判別しやすくなっています。

校閲
校閲とは、文章を読んで内容の誤りを正したり、不足を補ったりする作業のことです。

●文書の準備
文書「セミナーアンケート11_01_入力済」を開きましょう。次に、開いた文書を「セミナーアンケート11_01」という名前を付けて保存します。

●コメントの挿入
ここでは、ほかの人が作成中の文書にコメントを付けるという設定で、以下の箇所に次のようなコメントを挿入してみましょう。

・1ページ7行目の「以下の各項目」の文字列
　コメント：テキストのわかりやすさについての質問を追加してください。
・2ページ8行目の「ご自由にご記入」の文字列
　コメント：もう少し回答スペースが必要なのでは？

1. [校閲]タブの[変更内容の表示]ボックスが[すべての変更履歴/コメント]になっていることを確認します。なっていない場合は[変更内容の表示]ボックスの▼をクリックし、一覧から[すべての変更履歴/コメント]をクリックします。
2. 1ページ7行目の「以下の各項目」の文字列を選択します。
3. [校閲]タブの [新しいコメント]（コメントの挿入）ボタンをクリックします。
4. 文書の右余白にコメントの吹き出しが挿入されます。
5. コメントの吹き出しの[会話を始める]ボックスにカーソルが表示された状態で、「テキストのわかりやすさについての質問を追加してください。」と入力します。
6. [コメントを投稿する]ボタンをクリックするか、**Ctrl+Enter**キーを押します。

コメントの表示形式
Word 2024の初期設定では[変更内容の表示]ボックスは[すべての変更履歴/コメント]です。

コメントの表示
コメントの吹き出しが右余白に表示されない場合は[校閲]タブの[コメントの表示]ボタンをクリックします。

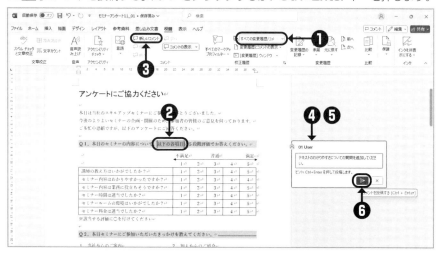

7. コメントが投稿され、投稿日時が表示されます。
8. 同様の操作で、2ページ8行目の「ご自由にご記入」の文字列に「もう少し回答スペースが必要なのでは？」というコメントを挿入します。
9. コメント以外の文書内をクリックします。

コメントに返信する
コメントの［返信］ボックスをクリックすると、カーソルが表示され入力できます。▶［コメントを投稿する］ボタンをクリックするか、**Ctrl+Enter**キーを押して投稿すると、返信内容の上に返信者のユーザー名、返信内容の下に投稿日時が表示されます。

コメントの枠内には、コメント挿入者のユーザー名が表示されます。また、本文内のコメントを挿入した箇所をポイントすると、コメント挿入者のユーザー名と挿入日時、コメントの内容が表示されます。

ユーザー名には、［Wordのオプション］ダイアログボックスの［全般］にある［Microsoft Officeのユーザー設定］の［ユーザー名］ボックスで、設定している内容が表示されます。［ファイル］タブをクリックし、［その他］をクリックして、［オプション］をクリックすると［Wordのオプション］ダイアログボックスが表示され、ユーザー名の確認や変更ができます。

ユーザー名と頭文字の変更
ユーザー名と頭文字は、すべてのMicrosoft Officeアプリケーションで共通に使用されています。設定を変更するとExcelなどWord以外のOfficeアプリケーションにも影響するので、変更の際は注意が必要です。

●**コメントの削除**
コメントを順に確認し、2つ目のコメントを削除します。

1. 文書の先頭にカーソルを移動します。
2. ［校閲］タブの［コメント］グループの ［次へ］（次のコメント）ボタンをクリックします。
3. 1つ目のコメントに移動します。

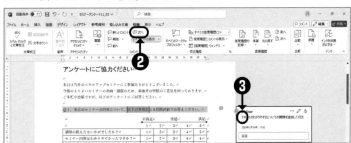

すべてのコメントをまとめて削除する
［削除］（コメントの削除）ボタンの▼をクリックし、一覧から［ドキュメント内のすべてのコメントを削除］をクリックすると、文書内のすべてのコメントをまとめて削除できます。

4. ［校閲］タブの ［次へ］（次のコメント）ボタンをクリックします。
5. 2つ目のコメントに移動します。
6. ［校閲］タブの ［削除］（コメントの削除）ボタンをクリックします。
7. 2つ目のコメントが削除されます。

変更履歴を記録する

文字や画像の追加、削除や書式の変更など、文書に変更を加えた場合に、その内容を「変更履歴」として記録しておくことができます。元の文書を直接書き換えないので、作成した文書を推敲したり、ほかの人が作成した文書を校閲したりするときに利用できます。

複数の校閲者が1つの文書に変更履歴を記録した場合は、コメントと同様に校閲者ごとに異なる色で表示されるので、誰が行った変更か判別できます。

ここでは、以下の変更を記録します。
- 1ページ3行目の「ご参加」と「ありがとうございました。」の間に、「いただき、誠に」という文字を追加します。
- 1ページ7行目の「5段階評価で」の文字列を削除します。
- 1ページ16行目の「※該当する評価に…」を右揃えで配置します。

1. [校閲]タブの [変更履歴の記録]ボタンをクリックしてオンにします。
2. 変更履歴が記録できる状態になります。

3. 1ページ3行目の「ご参加」の後ろにカーソルを移動し、「いただき、誠に」と入力します。
4. 入力した文字の色が変わり、下線が表示されます。
5. 1ページ7行目の「5段階評価で」の文字列を選択し、**Delete**キーを押します。
6. 「5段階評価で」の文字の色が変わり、取り消し線が表示されます。
7. 1ページ16行目を選択し、[ホーム]タブの [右揃え]ボタンをクリックします。
8. 吹き出しに変更した書式が表示されます。

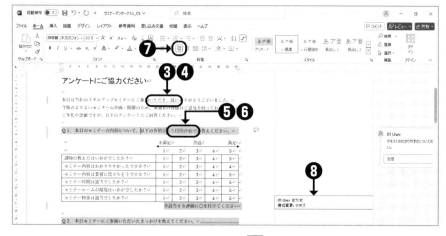

9. 変更履歴の記録を終了します。[校閲タブ]の [変更履歴の記録]ボタンをクリックしてオフにします。

推敲
推敲とは、作成した文章を読み返し、おかしなところがないか吟味して練り直す作業のことです。

変更履歴の表示
[変更内容の表示]ボックスが[すべての変更履歴/コメント]の場合、変更箇所は初期設定では次のように表示されます。
追加した文字…色が変わり、下線が表示される
削除した文字…色が変わり、取り消し線が表示される
書式の変更…吹き出しに変更した書式が表示される
変更箇所の行…左端に縦線が表示される
なお、[変更内容の表示]ボックスが[シンプルな変更履歴/コメント]の場合は変更箇所の左端に縦線のみが表示されます。縦線をクリックすると、[すべての変更履歴/コメント]との切り替えができます。

変更箇所の表示
変更箇所をポイントすると、校閲者のユーザー名と変更日時、変更内容が表示されます。

活用

変更履歴を削除せずに表示／非表示を切り替えたり、記録されているコメントや変更履歴を一覧表示して確認したりできます。次のように操作します。

・変更履歴の表示／非表示を切り替える

文字の挿入と削除の変更履歴、書式設定の変更履歴の表示／非表示はそれぞれ切り替えることができます。非表示にする場合は、［校閲］タブの［変更履歴とコメントの表示］［変更履歴とコメントの表示］ボタンをクリックし、一覧から［挿入と削除］や［書式設定］をクリックしてチェックが付いていない状態にします。再度表示する場合は、同様の操作でチェックが付いた状態にします。

・コメントや変更履歴を一覧表示する

［校閲］タブの［変更履歴］ウィンドウ ［［変更履歴］ウィンドウ］ボタンをクリックすると、画面の左側に［変更履歴］ウィンドウが表示され、文書に記録されているコメントや変更履歴を一覧表示できます。

変更履歴を反映する

記録された変更履歴の内容を確認して反映したり、反映せずに元に戻したりして、文書を完成させます。ここでは、「変更履歴を記録する」で記録した変更履歴のうち、1つ目と3つ目の変更を反映し、2つ目の変更は反映せずに元に戻します。

反映する前に確認する

［校閲］タブの［変更内容の表示］ボックスの▼をクリックし、一覧から［変更履歴／コメントなし］をクリックすると、変更履歴やコメントが非表示になり、実際に変更を反映する前に、変更が反映された状態を確認できます。

1. 文書の先頭にカーソルを移動します。
2. ［校閲］タブの［変更箇所］グループの ［次へ］（次の変更箇所）ボタンをクリックします。
3. 1つ目の変更箇所「いただき、誠に」が選択されます。
4. 変更を反映します。［校閲］タブの ［承諾］（承諾して次へ進む）ボタンをクリックします。

変更をまとめて反映する

［承諾］（承諾して次へ進む）ボタンの▼をクリックし、一覧から［すべての変更を反映］をクリックすると、記録されているすべての変更が反映されます。

変更をまとめて元に戻す

［元に戻す］（元に戻して次へ進む）ボタンの▼をクリックし、一覧から［すべての変更を元に戻す］をクリックすると、記録されているすべての変更が取り消され、元の状態に戻ります。

5. 1つ目の変更が反映され、「いただき、誠に」という文字列が文書内に挿入されます。2つ目の変更箇所「5段階評価で」が選択されます。
6. 変更を反映せず、元に戻します。［校閲］タブの ［元に戻す］（元に戻して次へ進む）ボタンをクリックします。
7. 2つ目の変更が取り消され、「5段階評価で」の文字列が削除されずに元に戻ります。3つ目の変更箇所「※該当する評価に…」の行が選択されます。
8. 変更を反映します。［校閲］タブの ［承諾］（承諾して次へ進む）ボタンをクリックします。

表示されるメッセージ
文書内に変更履歴が残っていない場合は、「文書には変更履歴が含まれていません。」と表示されるので、[OK]をクリックして反映を終了します。

9.「※該当する評価に…」が右揃えで配置されます。

ここまでの操作が終わったら、次の学習のため、作成した文書を上書き保存し、[ファイル]タブをクリックし、[その他]をクリックして[閉じる]をクリックし、Wordを起動したまま文書だけを閉じておきます。

活用

複数の校閲者が1つの文書にそれぞれコメントや変更履歴を挿入している場合に、特定の校閲者のコメントや変更履歴だけを絞り込んで表示したり、まとめて反映、削除したりすることができます。
たとえば「藤原」「山田」「中村」の3名の校閲者が、1つの文書にコメントや変更履歴を挿入しているとき、「中村」のコメントと変更履歴だけを表示するには次のように操作します。

1. すべての校閲者のコメントや変更履歴が表示された状態で、[校閲]タブの [変更履歴とコメントの表示▼] [変更履歴とコメントの表示]ボタンをクリックし、[特定のユーザー]をポイントして、一覧から[すべての校閲者]をクリックし、チェックが付いていない状態にします。

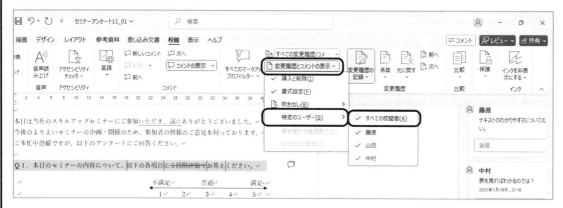

2. すべてのコメントと変更履歴が非表示になります。
3. 再度、[変更履歴とコメントの表示▼] [変更履歴とコメントの表示]ボタンをクリックし、[特定のユーザー]をポイントして、一覧から[中村]をクリックし、チェックが付いた状態にします。
4.「中村」のコメントと変更履歴だけが表示されます。

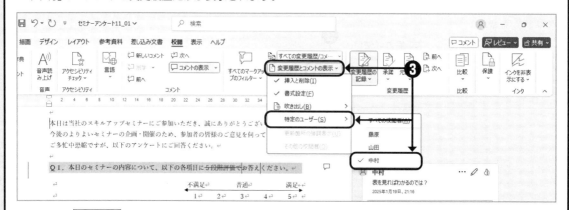

この状態で [削除▼] [削除]（コメントの削除）ボタンの▼をクリックし、一覧から[表示されたすべてのコメントを削除]をクリックすると、「藤原」「山田」のコメントは残したまま、「中村」のコメントだけが削除されます。[承諾]（承諾して次へ進む）ボタンの▼の一覧の[表示されたすべての変更を反映]や、[元に戻して次へ進む]ボタンの▼の一覧の[表示されたすべての変更を元に戻す]をクリックした場合も同様に、現在表示されている「中村」の変更だけを反映したり、元に戻したりできます。

2つの文書を比較する

編集前と編集後の文書がそれぞれ別々に保存されている場合は、2つの文書の内容や書式を「比較」して、その結果を1つの文書にまとめて表示することができます。初期設定では、比較の結果は新しい文書として表示され、比較する2つの文書には影響を与えません。

● 2つの文書の比較
編集前の文書「セミナーアンケート11_02A」と編集後の文書「セミナーアンケート11_02B」の2つの文書を比較します。

1. [校閲]タブの [比較]ボタンをクリックし、一覧から[比較]をクリックします。

2. [文書の比較]ダイアログボックスで比較する文書を選択します。[元の文書]の ボタンをクリックします。

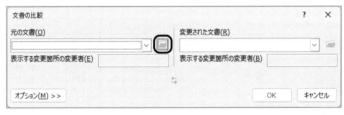

3. [ファイルを開く]ダイアログボックスで文書[セミナーアンケート11_02A]をクリックして、[開く]をクリックします。
4. [文書の比較]ダイアログボックスに戻り、[元の文書]ボックスに「セミナーアンケート11_02A」と表示されます。
5. [変更された文書]の ボタンをクリックし、同様の操作で「セミナーアンケート11_02B」を変更された文書に指定します。
6. [OK]をクリックします。

比較の詳細設定
[文書の比較]ダイアログボックスの[オプション]をクリックすると、ダイアログボックスが拡張され、比較する項目などの詳細を設定できます。

145

文書の表示

それぞれのウィンドウのサイズ内に表示するため、行の折り返しの位置や表の列の幅は調整されて表示されます。また、図形の矢印が文字に重なるなど見え方が変わりますが、[変更履歴]ウィンドウに表示されていない箇所は変更されていません。
ルーラーが非表示になるので、操作が終わったら、[表示]タブの[ルーラー]チェックボックスをオンにします。

表示するウィンドウ

[校閲]タブの[変更履歴ウィンドウ][[変更履歴]ウィンドウ]ボタンをクリックすると、[変更履歴]ウィンドウの表示／非表示が切り替わります。また、[比較]ボタンをクリックし、[元の文書を表示]をポイントすると一覧が表示され、元の文書と変更された文書の表示／非表示を選択することができます。

比較結果の文書を保存する

比較結果の文書も通常の文書と同様の操作で名前を付けて保存できます。相違点は変更履歴として保存されます。

7. 画面の左側に[変更履歴]ウィンドウ、中央に比較結果文書、右側に元の文書と変更された文書がそれぞれ表示されます。[変更履歴]ウィンドウには元の文書からの変更点が一覧表示されます。比較結果文書には、元の文書をベースにして変更された文書と異なる点が変更履歴として表示されます。比較結果文書または元の文書をスクロールするとほかの文書も同時にスクロールされるので、違いを見比べることができます。

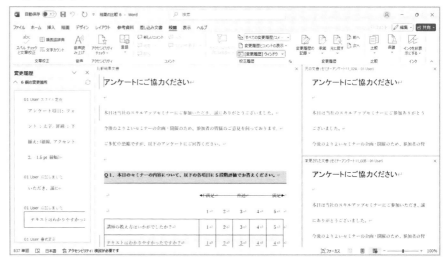

8. それぞれのウィンドウを見比べて、文書のどこが変更されているのか確認します。
9. 確認できたら、比較結果の文書を「セミナーアンケート11_02比較」という名前を付けて保存します。

活用

文書を比較する際には、並べて比較という機能を使って、2つの文書を左右に表示することもできます。比較する文書をそれぞれ開き、どちらか一方の文書で[表示]タブの [並べて比較]ボタンをクリックします。2つの文書が左右に並んで表示されます。一方の文書をスクロールしたり、画面の表示モードや表示倍率を変更したりすると、もう一方の文書も連動して、表示される位置や表示モード、表示倍率が変更されます。[校閲]タブの[比較]ボタンの機能ほど詳細には比べられませんが、手軽に実行できます。

「並べて比較」の状態を解除するときは、[表示]タブの [ウィンドウ]ボタンをクリックし、 [並べて比較]ボタンをクリックしてオフにします。なお、 [同時にスクロール]ボタンをオフにすると、2つの文書を別々にスクロールできます。

文書を並べて比較した状態

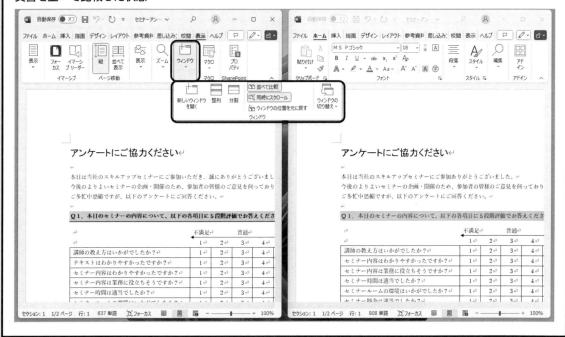

文書を編集できないように保護する

「編集の制限」の機能を使うと、文書の編集を制限できます。「パスワード」を入力しなければ制限を解除できないように設定できるので、完成した文書を誤って変更してしまったり、他者に文書を変更されてしまったりするのを防ぐことができます。制限できる編集の種類には次のようなものがあります。

[変更不可（読み取り専用）]‥‥文書の内容を確認する以外のすべての編集はできません。
[変更履歴]‥‥‥‥‥‥‥‥‥‥編集はできますが、変更した内容がすべて変更履歴として記録されます。
[コメント]‥‥‥‥‥‥‥‥‥‥コメントの追加以外の編集はできません。
[フォームへの入力]‥‥‥‥‥‥フォームフィールドへの入力以外の編集はできません。

●文書の準備
文書「セミナーアンケート11_03_入力済」を開きましょう。次に、開いた文書を「セミナーアンケート11_03」という名前を付けて保存します。

●編集の制限
すべての編集ができないように制限してみましょう。「sa11n1」というパスワードも設定します。

1. [校閲]タブの [保護]ボタンをクリックし、 [編集の制限]ボタンをクリックします。

2. [編集の制限]作業ウィンドウが表示されます。
3. [2.編集の制限]の[ユーザーに許可する編集の種類を指定する]チェックボックスをオンにします。
4. その下のボックスで[変更不可（読み取り専用）]が選択されていることを確認します。
5. [はい、保護を開始します]をクリックします。

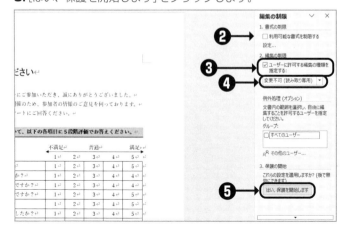

パスワードの設定

パスワードは半角英数字と記号を使って設定します。大文字・小文字は区別されます。

パスワードの省略

パスワードは省略することもできます。省略する場合は、2つのボックスに何も入力せず[OK]をクリックします。ただし、設定を省略した場合は、[保護の中止]をクリックすると、すぐに保護が解除されてしまいます。

実行できる機能

検索や表示方法の変更など、文書に直接変更を加えない一部の機能は実行できます。

パスワードの管理

パスワードを忘れると保護を解除できなくなるので注意が必要です。

6. [保護の開始]ダイアログボックスの[新しいパスワードの入力(省略可)]ボックスに「sa11n1」とパスワードを入力します。入力したパスワードは「＊」で表示されます。
7. [パスワードの確認入力]ボックスに同じパスワードを入力して、[OK]をクリックします。
8. 文書の保護が開始されます。文字の入力や削除ができないことや、リボンのタブを切り替えて、ボタンが淡い色で表示されクリックできない状態になっていることを確認しましょう。
9. 確認できたら、ここでは保護を解除しておきます。
10. [編集の制限]作業ウィンドウの[保護の中止]をクリックします。

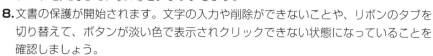

11. [文書保護の解除]ダイアログボックスの[パスワード]ボックスに「sa11n1」とパスワードを入力し、[OK]をクリックします。
12. 文書の保護が解除され、編集できるようになります。
13. 作業ウィンドウの×閉じるボタンをクリックして、作業ウィンドウを閉じます。

活用

編集を制限する機能のほかに、文書を最終版として設定し保護する方法もあります。最終版とは、入力、編集、校閲の作業がすべて終了し、完成した状態の文書のことを指します。最終版として設定した文書は、入力や書式の設定などほとんどの編集ができない状態です。パスワードの設定はできないため、完全に文書を保護することはできません。しかし、リボンのコマンドの代わりにメッセージバーが表示され、上書き保存ができないなど通常の文書とは開いたときの様子が異なるので、うっかり変更するのを予防したいときや、完成した文書であることを強調したいときに利用するとよいでしょう。最終版に設定するには、次のように操作します。

1. [ファイル]タブをクリックし、[情報]をクリックし、[文書の保護]ボタンをクリックして、[最終版にする]をクリックします。
2. 「この文書は、最終版として設定されてから保存されます。」というメッセージが表示されたら、[OK]をクリックします。
3. 「このドキュメントは、編集が完了した最終版として設定されました。」というメッセージが表示されたら、[OK]をクリックします。
4. [文書の保護]の色が変わり、「この文書は編集を防ぐため最終版として設定されています。」と表示されます。
5. 最終版に設定した文書を開くと、タイトルバーのファイル名の後に[読み取り専用]と表示され、リボンが非表示になって[最終版]というメッセージバーが表示されます。また、ステータスバーに[最終版]というアイコンが表示されます。

なお、最終版の設定を解除するときは、[最終版]メッセージバーの[編集する]ボタンをクリックします。

文書を開けないように保護する

「パスワードを使用して暗号化」の機能を使うと、文書にパスワードを設定し、パスワードを知らない人は文書を開けないように保護することができます。ただし、パスワードを忘れると自分も文書を開けなくなってしまうので、注意が必要です。文書に「sa11n2」というパスワードを設定してみましょう。

1. [ファイル]タブをクリックし、[情報]をクリックし、[#][文書の保護]ボタンをクリックして、[パスワードを使用して暗号化]をクリックします。

2. [ドキュメントの暗号化]ダイアログボックスの[パスワード]ボックスにパスワードを入力します。ここでは「sa11n2」と入力し、[OK]をクリックします。入力したパスワードは「●」で表示されます。

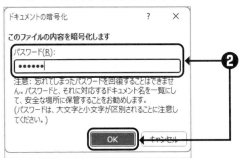

3. [パスワードの確認]ダイアログボックスの[パスワードの再入力]ボックスに手順**2**と同じパスワードを入力し、[OK]をクリックします。

4. [文書の保護]の色が変わり、「この文書を開くには、パスワードが必要です。」と表示されます。

5. [上書き保存]をクリックし、文書を上書き保存します。

6. 文書にパスワードが設定されます。

パスワードを設定した文書を開こうとすると、以下のようなダイアログボックスが表示されます。正しいパスワードを入力して[OK]をクリックすると、文書を開くことができます。

パスワードの解除

パスワードが設定された文書を開き、[ファイル]タブをクリックし、[情報]をクリックし、[#][文書の保護]ボタンをクリックして、[パスワードを使用して暗号化]をクリックします。パスワードが入力された状態で[ドキュメントの暗号化]ダイアログボックスが表示されるので、ボックス内のパスワードを削除し、[OK]をクリックします。その後、上書き保存を実行します。

練習問題

問題 11-1

1. 文書「W-L11-01_入力済」を開きましょう。
2. 変更履歴の記録を開始し、次の操作を記録しましょう。
   - 1行目の発信日、3行目の発信者を右揃えで配置しましょう。
   - 5行目の件名のフォントサイズを「14」ポイントに設定し、中央揃えで配置しましょう。
   - 11行目の「4月1日以降はご利用になれません。」を削除しましょう。
   - 18行目の「…まとめておりますので、同封の」の後に「「ワイズクラブカードショッピングガイド」および」という文字を追加しましょう。
3. 変更履歴の記録を終了しましょう。
4. 25行目の「お問い合わせは下記まで」の文字列に「受付時間を記載。」というコメントを挿入しましょう。
5. コメントの追加以外の編集ができないように文書を保護しましょう。その際、「wz041」というパスワードを設定します。
6. 文書を「W-L11-01」という名前で保存しましょう。

問題 11-2

1. 文書「W-L11-02A」を元の文書、「W-L11-02B」を変更された文書として比較し、比較の結果を新しい文書に表示しましょう。
2. 比較結果の文書を「W-L11-02」という名前で保存しましょう。

問題 11-3

1. 文書「W-L11-03_入力済」を開きましょう。
2. 挿入されているコメントをすべて削除しましょう。
3. 文書に記録されている変更履歴のうち、「吉村」という校閲者の変更をすべて反映しましょう。
4. 文書に記録されている変更履歴のうち、「森本」という校閲者の変更を次のように処理しましょう。
   - 1つ目の変更：反映する
   - 2つ目の変更：反映する
   - 3つ目の変更：元に戻す
   - 4つ目の変更：反映する
5. パスワードを入力しないと文書を開けないようにしてから、文書を「W-L11-03」という名前で保存しましょう。パスワードは「wz042」に設定します。

Lesson 12 複数の宛先に送付する文書の作成

受信先の会社名や顧客名など、文書の一部分だけを変えて、複数の宛先に同じ文面の文書を送付するときは、差し込み印刷の機能を使うと便利です。ここでは、差し込み印刷の流れと実行方法を学習します。

キーワード
- □□差し込み印刷
- □□メイン文書
- □□データファイル
- □□レコード
- □□フィールド
- □□差し込みフィールド

このレッスンのポイント

▶ 差し込み印刷とは
▶ メイン文書を指定する
▶ データファイルを指定する
▶ 差し込みフィールドを挿入して印刷する
▶ 宛名ラベルを作成する

完成例（ファイル名：カタログ送付のご案内.docx）

完成例（ファイル名：カタログ送付先ラベル.docx）

差し込み印刷とは

「差し込み印刷」とは、メインとなる文書内の指定した位置に、住所録や名簿など別のファイルのデータを1件ずつ挿入して印刷する機能です。たとえば、案内状や納品書に顧客名を印刷したり、封筒やラベルに宛先を印刷したりするといった使い方ができます。

差し込み印刷をするには、「メイン文書」と「データファイル」の2種類のファイルを用意します。メイン文書とは、データを差し込むためのひな型となる文書のことで、すべての文書に共通の内容を入力します。データファイルには、宛先の住所、会社名、氏名など、メイン文書に差し込むデータを入力します。

差し込み印刷は、次のような流れで行います。

メイン文書の指定	データを差し込む文書と文書の種類を指定します。新規に作成することも、既存の文書を指定することもできます。
▼	
データファイルの指定	差し込むデータを指定します。新規に作成することも、既存のファイルを指定することもできます。
▼	
差し込みフィールドの挿入	メイン文書に差し込みフィールドを挿入し、文書のどの位置にどの項目のデータを差し込むかを指定します。
▼	
差し込みデータの表示	データが差し込まれた状態を確認します。
▼	
差し込み印刷の実行	データを差し込んだ文書を印刷します。新しい文書としてファイルに出力することもできます。

メイン文書を指定する

メイン文書は新規に作成するか、既存の文書を指定します。ここでは、以下のような文書を新規に作成し、文書の種類が「レター」のメイン文書として指定します。

●メイン文書の準備

文書を新規作成し、次のように設定しましょう。

・既定の段落の配置「両端揃え」、段落後「0pt」、行間「1行」、フォントサイズ「10.5」ポイントに設定します。
・下図のように文字を入力します。2～3行目は宛先を差し込むため、文字は入力せず、改行のみしておきます。
・1行目の発信日、4～9行目の発信者を右揃えで配置します。
・11行目の件名のフォントサイズを「14」ポイントにし、中央揃えで配置します。
・23～24行目に約7字分の左インデントを設定します。また、28字の位置にリーダー（種類は[・・・・・・・(5)]）付きの右揃えタブを設定します。
・「カタログ送付のご案内」という名前で保存しておきます。

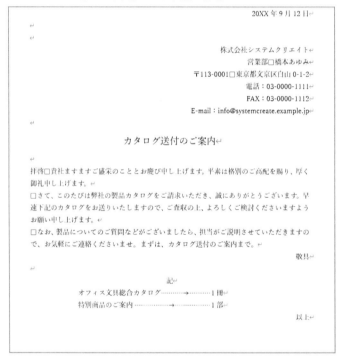

●メイン文書の指定

作成した文書を文書の種類が「レター」のメイン文書として指定します。

1. [差し込み文書]タブの [差し込み印刷の開始]ボタンをクリックし、一覧から[レター]をクリックします。

2. 文書の種類が「レター」のメイン文書として指定されます。

既存の文書を指定する

既存の文書をメイン文書として指定する場合は、その文書を開いた状態で同様に操作します。

メイン文書の指定の解除

[差し込み印刷の開始]ボタンの一覧の[標準のWord文書]をクリックすると、データファイルとの関連付けが解除され、通常の文書に戻ります。

データファイルを指定する

データファイルは新規に作成するか、既存のファイルを指定します。データファイルには、Wordで作成した文書やExcelで作成したファイル、テキスト形式のファイルなどを利用できます。

データファイルの例（Excelで作成したファイル）

データファイルに指定するファイルには、上の例のように1行目に列の見出しとなる項目名を入力し、2行目以降に宛先1件分のデータを1行ずつ入力します。なお、差し込み印刷の手順の中で、「レコード」や「フィールド」という用語が出てきますが、レコードとは1行分（宛先1件分）のデータのまとまり、フィールドとは「郵便番号」など1列分のデータのまとまりのことです。列の見出しを「フィールド名」と呼ぶこともあります。

●**データファイルの指定**
ここでは、既存のExcelファイル「送付先」をデータファイルとして指定します。

1. [差し込み文書]タブの [宛先の選択]ボタンをクリックし、一覧から[既存のリストを使用]をクリックします。

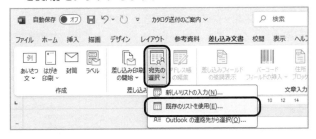

[My Data Sources]フォルダー
手順2で[データファイルの選択]ダイアログボックスを表示すると、[ドキュメント]内に[My Data Sources]というフォルダーが作成されます。これは住所録などのデータファイルをまとめて管理するためのフォルダーです。データファイルはこのフォルダー以外の場所にも保存できます。[My Data Sources]フォルダーは必要なければ削除してもかまいません。

2. [データファイルの選択]ダイアログボックスでExcelファイル「送付先」をクリックして、[開く]をクリックします。

3. [テーブルの選択]ダイアログボックスで、データが入力されているシート[カタログ送付先$]をクリックします。
4. [先頭行をタイトル行として使用する]チェックボックスがオンになっていることを確認し、[OK]をクリックします。

[テーブルの選択]ダイアログボックス
差し込み印刷では、データファイルの種類によって、表示されるダイアログボックスが異なります。たとえば、Word文書をデータファイルに指定した場合は、[テーブルの選択]ダイアログボックスは表示されません。

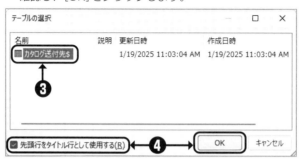

5. Excelファイル「送付先」がデータファイルとして指定されます。

活用

データファイルは、[差し込み印刷]タブから新規に作成することもできます。次のように操作します。

1. [差し込み文書]タブの [宛先の選択]ボタンをクリックし、一覧から[新しいリストの入力]をクリックします。
2. [新しいアドレス帳]ダイアログボックスで、データを入力します。
   Tabキーを押すと右隣のセルに、**Shift**＋**Tab**キーを押すと左隣のセルに、カーソルが移動します。
   不要なデータは入力せず空欄にしておいてかまいません。また、[列のカスタマイズ]をクリックすると、不要な列を削除したり、列の見出し（フィールド名）を変更したりできます。
   レコードを追加するときは[新しいエントリ]、レコードを削除するときは[エントリの削除]をクリックします。
3. 必要なデータをすべて入力したら、[OK]をクリックします。
4. [アドレス帳の保存]ダイアログボックスで、保存先とファイル名を指定して、[保存]をクリックします。

この手順で作成したデータファイルは、通常のWord文書とは異なる、[Microsoft Office アドレス帳]というデータベースファイルの形式で保存されます。

差し込みフィールドを挿入して印刷する

メイン文書とデータファイルが指定できたら、データを差し込むための「差し込みフィールド」という領域をメイン文書に挿入します。差し込みフィールドを挿入したら、データが差し込まれた状態をプレビューで確認した後、差し込み印刷を実行します。

●差し込みフィールドの挿入
メイン文書のどの位置に、どの項目のデータを差し込むかを設定します。ここでは、2行目に「会社名」、3行目に「部署名」「姓」「名」をそれぞれ差し込むように設定します。

1. 2行目の行頭にカーソルを移動します。
2. [差し込み文書]タブの [差し込みフィールドの挿入]ボタンの▼をクリックし、一覧から[会社名]をクリックします。

[差し込みフィールドの挿入]ボタンの一覧
一覧には、データファイルに入力されている列の見出し(フィールド名)が表示されます。

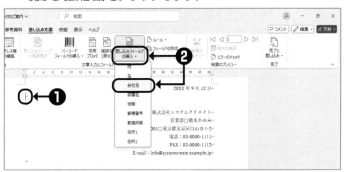

3. 差し込みフィールドが挿入されます。差し込みフィールドは、フィールド名の前後に「≪≫」が付いた状態で表示されます。

差し込みフィールドの削除
削除する差し込みフィールド全体を選択し、**Delete**キーを押します。

4. 3行目の行頭にカーソルを移動し、手順**2**と同様の操作で[部署名]の差し込みフィールドを挿入します。
5. スペースキーを押して空白を1字分入力し、手順**2**と同様の操作で、[姓][名]の差し込みフィールドをそれぞれ挿入します。「≪姓≫」と「≪名≫」の間には空白を1字分入力します。
6. スペースキーを押して空白を1字分入力し、最後に「様」と入力します。

差し込みフィールドの書式
差し込みフィールドも、フォントサイズやフォントを変更したり、下線を引いたりできます。文書内の通常の文字と同様に範囲を選択し、設定します。

●差し込みデータの表示
印刷を実行したり、ファイルに出力したりする前に、データが正しく差し込まれているか、どのように表示されるかをプレビューで確認します。

1. [差し込み文書]タブの [結果のプレビュー]ボタンをクリックします。
2. 1件目のデータが差し込まれた状態で表示されます。

結果のプレビューの解除
もう一度 [結果のプレビュー]ボタンをクリックすると、差し込みフィールドの表示に戻ります。

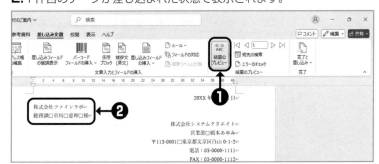

3. [差し込み文書]タブの [次のレコード]ボタンをクリックすると、2件目のデータが差し込まれた状態で表示されます。また、 [前のレコード]ボタンで1件前、 [先頭のレコード]ボタンで1番最初、 [最後のレコード]ボタンで1番最後のデータが差し込まれた状態をそれぞれ確認できます。

●差し込み印刷の実行

プレビューの確認が終わったら、差し込み印刷を実行します。

1. [差し込み文書]タブの [完了と差し込み]ボタンをクリックし、一覧から[文書の印刷]をクリックします。

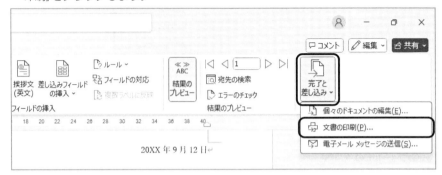

2. [プリンターに差し込み]ダイアログボックスで、データを印刷するレコードを選択し、[OK]をクリックします。

3. [印刷]ダイアログボックスで[OK]をクリックすると印刷が実行され、データを差し込んだレコードの件数分の文書が印刷されます。

ここまでの操作が終わったら、次の「宛名ラベルを作成する」の学習のため、作成した文書を上書き保存して閉じておきます。

なお、差し込み印刷の設定をした文書を開くときは、次のようなメッセージが表示されます。

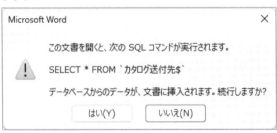

[はい]をクリックすると、データファイルのデータが差し込まれた状態でメイン文書として開きます。

[いいえ]をクリックすると、データは差し込まれずに、文書を保存したときにプレビューしていたデータ、または差し込みフィールドが表示された状態で通常の文書として開きます。

なお、データファイルを削除や移動したり、ファイル名を変更したりすると、ファイルが見つからないというエラーメッセージが表示され、ファイルを指定し直さなければなりません。データファイルの扱いには注意が必要です。

印刷するレコードの選択

[すべて]…すべてのレコードを印刷する
[現在のレコード]…現在画面に表示されているレコードのデータのみを印刷する
[最初のレコード][最後のレコード]…印刷するレコードの範囲を指定する。ボックスに印刷するレコードの番号を入力する

ファイルへの出力

[完了と差し込み]ボタンの一覧から[個々のドキュメントの編集]をクリックすると、[新規文書への差し込み]ダイアログボックスが表示され、選択したレコードのデータがそれぞれ差し込まれた状態のページが新規に作成されます。たとえば、1ページの案内状に10件のレコードを差し込んだ場合は、10ページ分の文書になります。

活用

ここまで学習した方法では、データファイルのすべてのレコードが順番どおりに差し込まれますが、差し込むレコードを選択したり、差し込む順番を並べ替えたりすることもできます。[差し込み文書]タブの[アドレス帳の編集]ボタンをクリックし、[差し込み印刷の宛先]ダイアログボックスを表示して、それぞれ次のように操作します。この操作では、元のデータファイルには影響を与えません。

・チェックボックスでデータを差し込むレコードを選択する

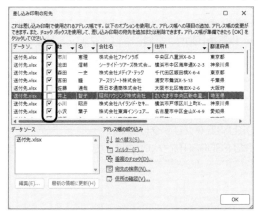

データを差し込むレコードのチェックボックスをオン、差し込む対象からはずすレコードのチェックボックスをオフにします。

・条件を設定して差し込むレコードを抽出する

たとえば、「都道府県」が「東京都」のレコードだけを差し込むというように条件を設定できます。フィールド名の右側の▼をクリックし(❶)、一覧から抽出する条件をクリックします(❷)。抽出を解除するときは、▼をクリックし、一覧から[(すべて)]をクリックします(❸)。
フィールドに異なる項目が10件以上あると、一覧表示されなくなります。[(詳細...)]をクリックすると(❹)、[フィルターと並べ替え]ダイアログボックスの[レコードのフィルター]タブが表示されるので、そこで条件を設定します(❺)。「A」または「B」や、「A」かつ「B」といった複雑な条件も設定できます。解除するときは、[すべてクリア]をクリックし、[OK]をクリックします。

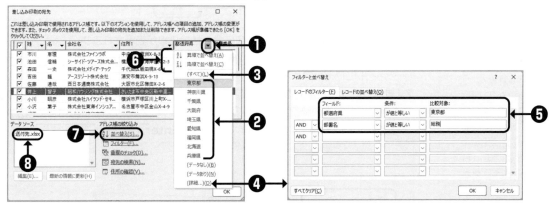

・レコードを並べ替える

並べ替えの基準にするフィールド名の右側の▼をクリックし、一覧から[昇順で並べ替え]または[降順で並べ替え]をクリックします(❻)。並べ替えを解除するときは、[アドレス帳の絞り込み]の[並べ替え]をクリックし(❼)、[フィルターと並べ替え]ダイアログボックスの[レコードの並べ替え]タブで、[すべてクリア]をクリックして、[OK]をクリックします。

なお、[差し込み印刷の宛先]ダイアログボックスから、データファイルを編集することもできます。[データソース]ボックスから編集するデータファイル(❽)をクリックし、左下に表示される[編集]をクリックすると、データを編集するためのダイアログボックスが表示されるので、データの修正や追加を行います。編集した内容は、元のデータファイルにも反映されます。

宛名ラベルを作成する

差し込み印刷の機能を使うと、市販の封筒やラベルに簡単に宛先を差し込むことができます。ここでは、データファイルにExcelファイル「送付先」を指定して、新規に宛名ラベルを作成します。ラベルの種類は「KOKUYO」の「KJ-E80939」を選択します。また、ラベルの5～6行目の文字が「12」ポイントのサイズで印刷されるように設定します。

1. 文書を新規作成し、次のように設定します。
   ・既定の段落の配置「両端揃え」、段落後「0pt」、行間「1行」、フォントサイズ「10.5」ポイント
2. [差し込み文書]タブの [差し込み印刷の開始]ボタンをクリックし、一覧から[ラベル]をクリックします。
3. [ラベルオプション]ダイアログボックスの[ラベル]の[ラベルの製造元]ボックスの▼をクリックし、一覧から[KOKUYO]をクリックします。
4. [製品番号]ボックスの一覧から[KJ-E80939]をクリックし、[OK]をクリックします。

グリッド線
手順6で表示される枠線は「グリッド線」という表の区切りを表す線です。印刷はされません。グリッド線が表示されない場合は、[テーブルレイアウト]タブの[グリッド線の表示]ボタンをクリックしてオンにします。

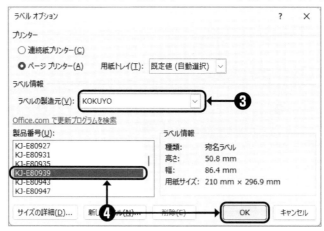

5. 文書に、選択したラベルのサイズに合わせた枠線が表示されます。
6. 「データファイルを指定する」の「●データファイルの指定」の手順を参考に、データファイルにExcelファイル「送付先」を指定します。
7. 「差し込みフィールドを挿入して印刷する」の「●差し込みフィールドの挿入」の手順を参考に、左上の枠線内に下図のように差し込みフィールドを挿入し、空白や「様」などの文字も入力します。改行するときは、**Enter**キーを押します。

改行する位置
宛名ラベルには始めから↵（段落記号）が2つ表示されており、改行する位置によって段落間隔が異なります。図と同じレイアウトにするには、1行目の↵の前に「郵便番号」、2行目の↵の前に「都道府県」「住所1」のフィールドをそれぞれ挿入した後、2行目の↵の前で**Enter**キーを押して改行し、以降の操作を行ってください。

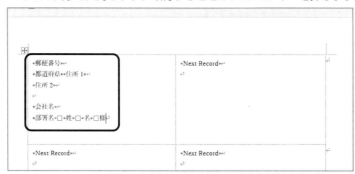

ラベル内の文字の選択
「≪会社名≫」から「　様」までは、表のセル内の文字のため、行単位の選択ができません。文字単位で選択します。

8. 5行目の「≪会社名≫」から6行目の「　様」までの文字列を選択し、[ホーム]タブの[10.5▼][フォントサイズ]ボックスの▼をクリックして、一覧から[12]をクリックします。
9. [差し込み文書]タブの [複数ラベルに反映]ボタンをクリックします。
10. 2枚目以降のラベルにレイアウトがコピーされます。

11. 「差し込みフィールドを挿入して印刷する」の「●差し込みデータの表示」の手順を参考に、結果のプレビューを確認します。

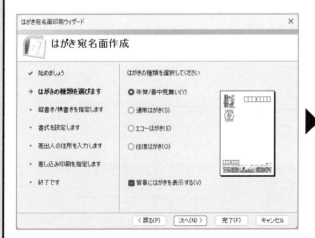

12. 「差し込みフィールドを挿入して印刷する」の「●差し込み印刷の実行」の手順を参考に、印刷を実行します。
13. 「カタログ送付先ラベル」という名前で保存します。

活用

差し込み印刷の機能を使って、はがきの宛名を印刷することもできます。次のように操作します。

1. 文書を新規に作成します。
2. [差し込み文書]タブの [はがき印刷]ボタンをクリックし、一覧から[宛名面の作成]をクリックします。
3. [はがき宛名面印刷ウィザード]が表示されるので、[次へ]をクリックして表示される画面で、はがきの種類、縦書き/横書き、書式、差出人の住所、宛名に差し込む住所録などを指定します。

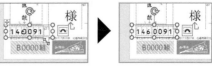

※差出人の郵便番号の位置が枠に合わない場合は、郵便番号をクリックし、右下のサイズ変更ハンドル（□）をマウスポインターの形が の状態で右方向にドラッグして調整します。

練習問題

1 文書を新規作成し、次のように既定の段落とフォントを設定しましょう。
配置：「両端揃え」　段落後：「0pt」　行間：「1行」
フォントサイズ：「10.5」ポイント

2 次のように文字を入力しましょう。

```
20XX年11月18日↵
↵
↵
株式会社たがわ珈琲工房↵
販売部長□吉田俊彦↵
↵
商品品切れのお詫び↵
↵
謹啓□時下ますますご清栄のこととお慶び申し上げます。平素は格別のお引き立てをいただき、厚く御礼申し上げます。↵
□さて、このたびご注文いただきました業務用コーヒー「プレミアムダークブレンド」につきまして、予想以上のご好評をいただいており生産が追いつかないため、現在品切れ状態となっております。↵
□全力を挙げて生産に取り組んでおりますが、お届けまでに10日程度のお時間を頂戴している状況でございます。ご迷惑をおかけし、誠に申し訳ございませんが、何卒ご容赦いただけますようお願い申し上げます。↵
□まずはお詫びかたがたご連絡申し上げます。↵
                                          謹白↵
```

3 1行目の発信日、4〜5行目の発信者を右揃えで配置しましょう。
4 7行目の件名のフォントサイズを「12」ポイントにし、中央揃えで配置しましょう。
5 作成した文書を差し込み印刷の種類が「レター」のメイン文書として指定しましょう。
6 文書「顧客リスト」をデータファイルとして指定しましょう。
7 2〜3行目に、下図のように差し込みフィールドを挿入しましょう。
8 3行目に下線を設定しましょう。

```
                                        20XX年11月18日↵
«会社名»↵
«部署名»□«氏名»□様↵
                                株式会社たがわ珈琲工房↵
                                販売部長□吉田俊彦↵
↵
              商品品切れのお詫び↵
↵
謹啓□時下ますますご清栄のこととお慶び申し上げます。平素は格別のお引き立てをいただき、厚く御礼申し上げます。↵
```

9 結果のプレビューを確認しましょう。
10 文書を「W-L12-01」という名前で保存しましょう。

❶文書を新規作成し、次のように既定の段落とフォントを設定しましょう。
　配置：「両端揃え」　段落後：「0pt」　行間：「1行」
　フォントサイズ：「10.5」ポイント

❷差し込み印刷のメイン文書として「ラベル」を指定しましょう。ラベルの種類は「A-ONE」の「A-ONE 28187」を選択します。

❸Word文書「顧客リスト」をデータファイルとして指定しましょう。

❹下図のように差し込みフィールドを挿入しましょう。

❺5～6行目のフォントサイズを「12」ポイントにしましょう。

«郵便番号» «都道府県»«住所1» «住所2» «会社名» «部署名» «氏名» 様	«Next Record»
«Next Record»	«Next Record»
«Next Record»	«Next Record»

❻2枚目以降のラベルにレイアウトをコピーしましょう。

❼結果のプレビューを確認しましょう。

❽文書を「W-L12-02」という名前で保存しましょう。

問題 12-3

1 文書を新規作成し、、次のように既定の段落とフォントを設定しましょう。
配置：「両端揃え」　段落後：「0pt」　行間：「1行」
すべての文字のフォント：「HG丸ゴシックM-PRO」
フォントサイズ：「10.5」ポイント

2 次のようにページ設定をしましょう。
用紙サイズ：「はがき」　余白：「狭い」　行数：「20」

3 次のように文字を入力しましょう。

♪合同演奏会のお誘い♪↵
関東地区大学合唱団の合同演奏会を今年も↓
11月3日（祝）に開催します。↵
多数の団体のご参加をお待ちしています。↵
つきましては、下記の日程でミーティングを
行います。参加を希望される団体の代表者の
方はご出席くださいますよう、よろしくお願
いいたしま↵
　　日時：20XX年7月23日（土）↵
　　　　　10：00～12：00↵
　　場所：立原大学2号館音楽室↵
＜幹事＞↵
立原大学混声合唱団↵
団長□上原□健吾↵
↵
〒132-0034↵
東京都江戸川区2-x-xx-302↵

携帯：090-3811-xxxx↵
E-mail：kengo_ue@example.jp↵

4 作成した文書を差し込み印刷の種類が「レター」のメイン文書として指定しましょう。

5 Excelファイル「合唱団名簿」をデータファイルとして指定しましょう。

6 1行目に「団体名」、2行目に「代表者　様」と表示されるように差し込みフィールドを挿入しましょう。「代表者」と「様」の間には空白を1字分入力しましょう。

7 4行目の件名のフォントサイズを「12」ポイントにし、中央揃えで配置しましょう。

8 1ページ15行目～2ページ2行目を右揃えで配置し、行間を「固定値」の「12pt」に設定しましょう。

9 データファイルの「区分」フィールドが「大学」のレコードだけを差し込むように設定しましょう。

10 データファイルのレコードを「フリガナ」フィールドを基準に昇順で並べ替えて差し込むように設定しましょう。

11 結果のプレビューを確認しましょう。

12 文書を「W-L12-03」という名前で保存しましょう。

総合問題

総合 1

1 文書を新規作成し、次のように既定の段落とフォントを設定しましょう。

　　配置：「両端揃え」　段落後：「0pt」　行間：「1行」

　　フォントサイズ：「10.5」ポイント

2 次のように文字を入力しましょう。

20XX 年 9 月 1 日↵

↵

↵

株式会社山風テックス↵

代表取締役社長□多田雅治↵

↵

サービスセンター開設のお知らせ↵

↵

拝啓□初秋の候、貴社いよいよご隆盛のこととお慶び申し上げます。平素は格別のご高配を賜り、厚く御礼申し上げます。↵

□さて、弊社ではかねてよりサービスセンター開設の準備を進めておりましたが、このたび下記のとおり営業を開始する運びとなりました。サービスセンターでは、弊社製品の保守点検、修理のご依頼、各種お問い合わせへの対応を一括して承ります。これにより迅速かつきめ細やかなサービスのご提供が可能となり、皆様の利便性の向上につながるものと確信しております。↵

□これからも皆様のご期待にお応えできるよう、社員一同鋭意努力してまいる所存でございます。何卒、倍旧のお引き立てを賜りますようよろしくお願いいたします。↵

□まずは略儀ながら書中をもってお知らせ申し上げます。↵

　　　　　　　　　　　　　　　　　　　　　　　　　　　　　　　　　　　　敬具↵

↵

　　　　　　　　　　　　　　　　　　記↵

↵

　　　　　　　　　　　　　　　　　　　　　　　　　　　　　　　　　　　　以上↵

↵

---

3 ビジネス文書の基本ルールに従って、発信日、発信者、件名の配置を変更しましょう。また、件名はフォントサイズを「14」ポイントに設定しましょう。

4 以下の内容を箇条書きにして、「記」の下に入力しましょう。その際、次の条件を満たすようにしましょう。

新規開設するサービスセンターの名称は、山風テックスサービスセンターです。所在地は〒112-0006　東京都文京区小日向0-0-1　早良ビル2F、電話番号は0120-000-001、FAXは0120-000-002です。営業開始日は20XX年10月3日(月)です。月～土曜日の9:00～18:00まで営業しますが、日曜日、祝日、年末年始は休業日となります。

165

・箇条書きは7項目にまとめます。
・住所内のビルの名称に「さわら」というルビを設定します。
・箇条書きの行頭を約2字、項目内容の先頭を約10字の位置に揃えます。
・項目の文字数が異なる場合は、均等割り付けを使って一番文字数の多い項目に文字列の幅を揃えます。

5 この文書を差し込み印刷の種類が「レター」のメイン文書として指定しましょう。データファイルにはExcelファイル「通知先」を指定します。

6 2行目にデータファイルの「会社名」、3行目にデータファイルの「部署名」「姓」「名」のデータがそれぞれ差し込まれるように差し込みフィールドを挿入し、宛先には適切な敬称を付けます。データが正しく差し込まれているか確認しましょう。

7 文書を「W-S01」という名前で保存しましょう。

総合2

1 文書「W-S02_入力済」を開きましょう。

2 テーマを「ビュー」、テーマのフォントを「Arial」に設定しましょう。
※誌面で指示されたテーマが見当たらない場合は、他の任意のテーマを設定してください。

3 文書内の「テクニック」という文字をすべて「スキル」に置換しましょう。

4 1ページ16行目「セミナーの内容とねらい」に次の書式を設定し、「小見出し」という名前のスタイルとして登録しましょう。

　設定する書式
　　フォントサイズ「12」ポイント　太字
　　フォントの色「テーマの色」の「紫、アクセント5、黒＋基本色50％」

5 「小見出し」スタイルを以下の箇所に設定しましょう。
　　1ページ　26行目「3つのステップでレベルアップ！」
　　2ページ　表の上「開催要項」「スケジュール」
　　　　　　　　テキストボックスの上「お申し込み」

6 下図を参考に、1ページ17行目の「講義編では、ストーリーの…」から23行目の「…たくさんのヒントを得られます。」に段組みを設定しましょう。

```
セミナーの内容とねらい↵    ……セクション区切り (現在の位置から新しいセクション)……
講義編では、ストーリーの組み立て方、資料   実習編では、模擬プレゼンテーションにチャレ
の作成、当日までの準備、当日の進行の仕方   ンジしていただき、今のあなたのプレゼンテー
など、プレゼンテーションに必要な一連の作業   ションに足りないもの指摘するとともに、レベル
を見直します。自己流プレゼンテーションで見   アップのための具体的な解決策を提案しま
落としがちな基本スキルを再確認することで、   す。また、他の参加者のプレゼンテーションを
身に付いていないスキルやこれまでの失敗の   見て評価することにより、たくさんのヒントを得
原因が見つかります。↵               られます。↵
↵
```

（次ページへ続く）

7 下図を参考に、1ページ目の見出し「3つのステップでレベルアップ！」の下にSmartArtを挿入しましょう。その際、次の条件を満たすようにしましょう。
・図のように文字を入力します。
・SmartArtを任意の色、任意のスタイルに変更します。
・SmartArtの高さを「30mm」に設定します。
※数値の設定後に自動的に高さが微調整される場合がありますが、そのままでかまいません。

8 文書に挿入されているコメントに従って、2ページ目の表を編集しましょう。編集後、コメントは削除します。
9 2ページ目の見出し「お申し込み」の下にあるテキストボックスに「外側」の「オフセット：右下」の影効果を設定しましょう。
10 文書の末尾に、Word文書「申込シートフォーム」の1ページ3～21行目をコピーしましょう。
11 セクション区切りを挿入し、コピーした申込シートの部分だけ、用紙サイズを「B5」に設定しましょう。
12 文書を「W-S02」という名前で保存しましょう。

1 文書を新規作成し、次のように既定の段落とフォントを設定しましょう。
配置：「両端揃え」　段落後：「0pt」　行間：「1行」
フォントサイズ：「10.5」ポイント

2 次ページの図を参考に、表以外の部分の文字を入力し、書式や配置を設定しましょう。「住所変更届」のフォントサイズは「18」ポイント、「添付書類」は太字に設定します。

3 次ページの図を参考に、3つの表を作成し、文字を入力しましょう。その際、次の条件を満たすようにしましょう。なお、行の高さや列の幅は図と多少異なっていてもかまいません。
1つ目の表
・セルの塗りつぶしの色は任意の色を選択します。
・点線の線種は任意の点線を選択します。
・図のように表内の文字の配置を整えます。
・「フリガナ」の文字列のフォントサイズを「8」ポイントに設定します。

2つ目の表
・セルの塗りつぶしの色は1つ目の表と揃えます。
・点線の線種は1つ目の表と揃えます。
・図のように表内の文字の配置を整えます。

3つ目の表
・1列目、2列目の幅を揃えます。
・セルの塗りつぶしの色は1つ目の表と揃えます。
・図のように表内の文字の配置を整えます。
・表全体を右揃えで配置します。

年□□月□□日届出←

総務部長□殿←
←

住所変更届←

所　　属：←
社員番号：←
氏　　名：□□□□□□□□□㊞←

←

下記のとおり住所を変更しましたので、お届けいたします。←

←

変　更　日←	□□□□年□□月□□日←	←
新　住　所←	フリガナ←	←
	〒←	
電　話　番　号←	←	←

通勤経路←		【自宅周辺地図】←	←
交通手段←	経路←		←
←	←		
←			
←			
←			
通勤時間（片道）←	通勤距離「（片道）←		
約□□時間□□分←	約□□Km←		←

←

添付書類←

□住民票1通（必ず添付してください）←

□その他←

	総務←	所属長←	←
	←	←	←

←

4 編集の制限の機能を使って、編集を制限し、文書を変更できないようにしましょう。なお、パスワードは設定しません。

5 文書を「W-S03」という名前で保存しましょう。

総合 4

1 文書を新規作成し、次のように既定の段落とフォントを設定しましょう。
配置：「両端揃え」　段落後：「0pt」　行間：「1行」
フォントサイズ：「10.5」ポイント

2 行数を「30」に設定しましょう。

3 次のように文字を入力しましょう。

ヤマノヤはこのたび開店 10 周年を迎えます。これもひとえに皆様のご愛顧のおかげと心より感謝しております。つきましては、下記の期間「開店 10 周年大感謝祭」を開催することとなりました。豪華賞品が当たる大抽選会やさまざまな特価商品・限定販売商品をご用意して皆様のお越しをお待ちしております。

それに先立ちまして、上得意様限定の特別ご招待会を開催いたします。期間中はヤマノヤ全商品を 15～30%割引にて販売させていただきます。また、本状ご持参の上得意様には、ささやかなご来店プレゼントをご用意しております。

ぜひ、この機会にご来店くださいますようご案内申し上げます。

上得意様特別ご招待会
→　　7 月 6 日～8 日□10 時～20 時

開店 10 周年大感謝祭
→　　7 月 9 日～17 日□10 時～20 時（最終日は 18 時まで）

大抽選会賞品
特賞　→　大自然を満喫カナダの旅 5 日間（ペアご招待）　　→　　1 名様
1 等　→　夏の北海道をめぐる 2 泊 3 日の旅（ペアご招待）　→ 5 名様
2 等　→　クリスタルホテルペアディナー券→10 名様
3 等　→　ヤマノヤ商品券 5,000 円分30 名様
4 等　→　水彩色鉛筆・雅 12 色セット　　→　　50 名様
5 等　→　オリジナル液晶クリーナー　　→　　100 名様
※惜しくも抽選にはずれた方にも、もれなく残念賞を用意しております。

169

4 下図を参考に、1～4行目にワードアートと図形を使って、文書のタイトルを作成しましょう。その際、次の条件を満たすようにしましょう。なお、図形のサイズや位置は図と多少異なっていてもかまいません。

・ワードアートのスタイルは「塗りつぶし：黒、文字色1；輪郭：白、背景色1；影（ぼかしなし）：プラム、アクセントカラー5」を選択します。
・ワードアートのフォントサイズを「28」、フォントを「MS Pゴシック」、フォントの色を「標準の色」の「赤」、文字列の折り返しを「行内」にして中央揃えで配置します。
・2～4行目に「星とリボン」の「リボン：上に曲がる」の図形を描画します。
・図形に「パステル－濃い青緑、アクセント1」のスタイルを設定します。
・図形内の文字のフォントサイズを「12」ポイント、フォントを「MS Pゴシック」、フォント色を「標準の色」の「濃い青」、太字に設定します。

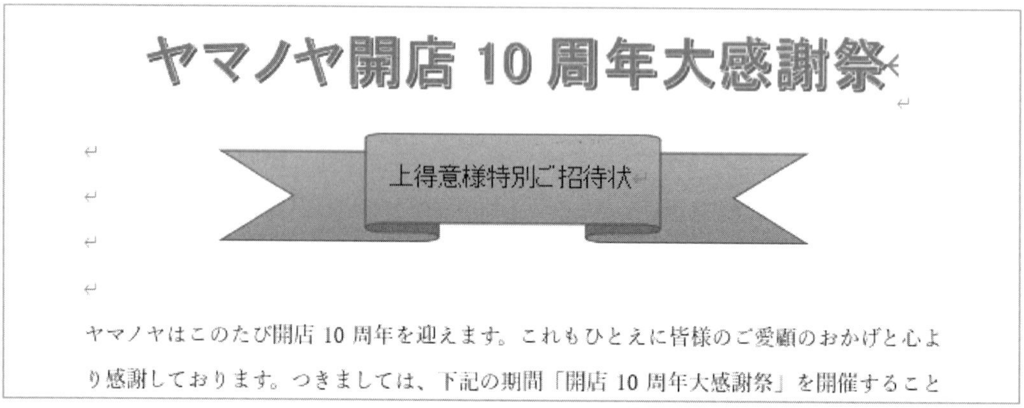

5 15行目の「上得意様特別ご招待会」から18行目の「7月9日～17日　10時～20時…」、20行目の「大抽選会賞品」に図形内の文字と同じ書式を設定しましょう。ただし、配置は変更しません。

6 15行目の行頭に画像ファイル「イベントのイラスト」を挿入しましょう。
次に、文字列の折り返しを「四角形」に変更し、図形の高さを「35mm」にして行の右端に移動しましょう。
※数値の設定後に自動的に高さが微調整される場合がありますが、そのままでかまいません。

7 下図を参考に、21行目の「特賞　大自然を満喫する…」から26行目の「5等　オリジナル液晶クリーナー…」にタブとリーダーを設定しましょう。なお、タブ位置は図と多少異なっていてもかまいません。

8 文書全体を任意の絵柄のページ罫線で囲みましょう。
9 文書を「W-S04」という名前で保存しましょう。

■1 文書「W-S05_入力済」を開きましょう。
■2 組み込みの表紙「サイドライン」を挿入し、以下の内容を入力しましょう。文書のタイトルはフォントサイズを「26」ポイントに変更しましょう。その他のコンテンツコントロールは削除します。

文書のタイトル：「ネットショップでのフラワーギフト利用状況について」
サブタイトル：「2024年度」
作成者：「ネットショップ企画室　高木沙織」
日付：「2025年1月21日」

■3 文書に記録されている変更履歴を次のように処理しましょう。
　　1か所目（1つ目、2つ目）の変更　　反映する
　　2か所目（3つ目、4つ目）の変更　　元に戻す
　　3か所目（5つ目、6つ目）の変更　　反映する
　　4か所目（7つ目）の変更　　　　　　反映する

■4 2ページ目の「目次」の下に、以下のような目次を挿入しましょう。書式は「任意のスタイル」を選択します。

```
目次
 1. 概況 ............................................................... 1
 2. 利用者について ............................................... 1
    a. 利用者の性別および年代 ........................... 2
 3. 注文件数について ........................................... 2
    a. 月別注文件数 ............................................. 2
    b. 用途的別注文件数 ..................................... 3
    c. 形態別注文比率 ......................................... 3
    d. 価格帯別注文比率 ..................................... 4
 4. 利用者の声より ............................................... 4
    a. 苦情、クレーム ......................................... 4
    b. 要望 ........................................................... 5
 5. 所感 ............................................................... 5
```

■5 「見出し1」スタイルに、線の太さ「1.5pt」の「下罫線」の設定を追加し、「見出し1」スタイルを設定しているすべての段落の書式を更新しましょう。
■6 見出し「2.利用者について」が3ページ目の先頭になるように改ページを挿入しましょう。
■7 見出し「a.利用者の性別および年代」のグラフの種類を「積み上げ縦棒」グラフに変更しましょう。
■8 次ページの図を参考に、見出し「c.形態別注文比率」の下に円グラフを挿入しましょう。その際、次の条件を満たすようにしましょう。
　　・グラフは次のデータをもとに作成します。

	注文件数
アレンジメント	35883
花束	17524
花鉢	11683
観葉植物	6676
その他	11682

　　・グラフのサイズを高さ「55mm」、幅「150mm」に設定します。
　　　※数値の設定後に自動的に高さや幅が微調整される場合がありますが、そのままでかまいません。
　　・グラフのレイアウトを「レイアウト6」に変更し、グラフタイトルは削除します。
　　・「d.価格帯別注文比率」のグラフと同じスタイル「スタイル12」に設定します。
　　・「％」が表示されているデータラベルのフォントの色を「テーマの色」の「白、背景1」にします。

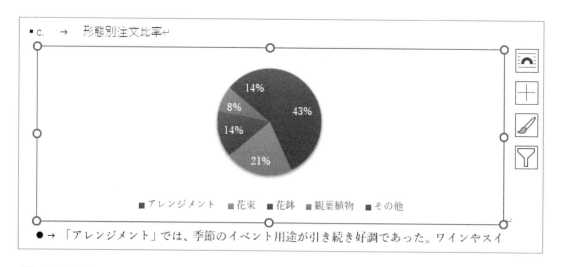

⑨以下の範囲について、段落の後の間隔を「0.5行」に設定しましょう。
なお、段落間隔が変更されない場合は、[段落]ダイアログボックスの[インデントと行間隔]タブの[間隔]の[同じスタイルの場合は段落間にスペースを追加しない]チェックボックスをオフにします。
・見出し「a.苦情、クレーム」の下
「1.水がこぼれていた…」から「対処　配送箱を改良し、…」までの範囲
・見出し「5.所感」の下
「●メインターゲットである…」から「回数と個数の見直しにより、…」までの範囲

⑩2ページ目以降に組み込みのフッター「サイドライン」を挿入しましょう。

⑪最終ページの「添付資料」を目次に追加しましょう。見出しのレベルは「レベル1」に設定します。次に、目次を更新しましょう。

⑫文書を「W-S05」という名前で保存しましょう。

索引

英数字

1行目のインデント	20
Excelの表	95
IMEパッド	7
PDF形式で保存	9
SmartArt	78
〜の色	80
〜のスタイル	80
〜の挿入	78

あ行

アート効果	99
アウトライン記号	116
アウトライン機能	115
アウトライン表示	115, 119
アウトラインレベル	115, 118, 129
明るさ	99
宛名ラベル	160
移動	32, 33
印刷	12
印刷プレビュー	12, 131
インデント	20
上書き保存	8
円グラフ	83
折れ線グラフ	82, 83
オンライン画像	51

か行

改ページ	113, 129
箇条書き	36
下線	11
画像	51
〜の効果	98
〜の修整	99
〜のスタイル	53
〜の挿入	51
〜のトリミング	97
〜の配置	52
記号の入力	6
既定	
〜の段落の設定	3
〜のフォントの設定	3
脚注	130
脚注記号	131
行	45
〜の高さ	48
〜や列の挿入, 削除	49
行間	38, 39
行頭文字	36

行番号の表示	5
均等割り付け	22, 63
クイックアクセスツールバー	(5), 25
クイックスタイルギャラリー	104
組み込みスタイル	104
グラフ	83
〜のスタイル	84
〜の挿入	82
〜のレイアウト	84
グラフタイトル	84
グリッド線	160
クリップボード	91
グループ化	72
罫線	33, 47, 62, 111
検索	120
校閲	140, 142, 144
コピー	32, 33, 91
コメント	140, 144, 148
コンテンツコントロール	128, 133
コントラスト	99

さ行

最終版	149
差し込み印刷	153
差し込みフィールド	156
軸ラベル	84
社外文書	16
社内文書	17
ジャンプ	122
住所の入力	6
書式のクリア	11
書式のコピー / 貼り付け	35
ズームスライダー	(5), 12, 132
図形	54
〜の作成	54
〜の書式設定	69
〜のスタイル	70
〜の配置	73
スタイル	104
スタイルセット	107
ストック画像	51
図の効果	98
セクション	131
セクション区切り	109, 131
セクション番号	131
セル	45
〜の色	61
〜の結合	50
〜の分割	50
挿入コントロール	46, 49

173

た行

タブ	22
段区切り	109
段組み	109
単語登録	7
段落	3, 10, 38
～の罫線	34
～の背景の色	33
段落間隔	38
段落番号	36, 38
置換	120
中央揃え	19
中央揃えタブ	23
データファイル	153, 155
テーマ	93
～の色	93
～の効果	93
～のフォント	93
手書き入力	7
テキストウィンドウ	79
テキストボックス	86
テンプレート	100
透明度	99
ドキュメントの暗号化	150
トリミング	97
ドロップキャップ	110

な行

ナビゲーションウィンドウ	120, 122
名前を付けて保存	8
入力オートフォーマット機能	5, 19, 36

は行

ハイパーリンク	124
はがき宛名面印刷ウィザード	161
パスワード	148, 150
貼り付け	32, 95
左インデント	20
左揃えタブ	22
表	45
表紙	128
表内の文字列の配置	50, 63
表の計算	64
表のスタイル	60
［ファイル］タブ	(5), 2, 8, 9, 12, 100
フィールド	155
フォント	3, 11
フォントサイズ	3, 11
フォントの色	11

ブックマーク	123
フッター	133
太字	11
ぶら下げインデント	20
分割	124
文書	
～の比較	145, 147
～の保護	148, 150
～の保存	8
～を閉じる	9
～を開く	9
ページ罫線	111
ページ設定	4
ページのレイアウト	4
ページ番号	136
ヘッダー	133
変更不可（読み取り専用）	148
変更履歴	142, 146, 148
編集記号	5
編集の制限	148
棒グラフ	83

ま行

右インデント	20
右揃え	19
右揃えタブ	23
見出し	104, 115, 122
メイン文書	153, 154
目次	129
文字の効果	66, 106
文字列の折り返し	52, 66

や行

ユーザー名	141

ら行

リアルタイムプレビュー	11
リーダー	24
リストスタイル	117
ルビ	25
レーダーグラフ	83
レコード	155
列	45
列の幅	48
レポート	29

わ行

ワークシート………………………………………… 82
ワードアート………………………………………… 65
　〜の効果………………………………… 66, 67
　〜の挿入………………………………………… 65
　〜の変形………………………………………… 66

●本書についてのお問い合わせ方法、訂正情報、重要なお知らせについては、下記 Web ページをご参照ください。なお、本書の範囲を超えるご質問にはお答えできませんので、あらかじめご了承ください。

https://bookplus.nikkei.com/catalog/

情報利活用
文書作成 Word 2024 対応

2025 年 3 月 17 日　初版第 1 刷発行

著　　　者	土岐 順子	
発 行 者	中川 ヒロミ	
発　　　行	株式会社日経 BP	
	〒 105-8308　東京都港区虎ノ門 4-3-12	
発　　　売	株式会社日経 BP マーケティング	
	〒 105-8308　東京都港区虎ノ門 4-3-12	
執 筆 協 力	光信 知子	
装　　　丁	奈良岡 菜摘	
制　　　作	今田 博史	
印　　　刷	大日本印刷株式会社	

・本書の無断複写・複製（コピー等）は著作権法上の例外を除き、禁じられています。購入者以外の第三者による電子データ化および電子書籍化は、私的使用を含め一切認められておりません。
・本書に記載している会社名および製品名は、各社の商標または登録商標です。なお、本文中に ™、® マークは明記しておりません。
・本書の例題または画面で使用している会社名、氏名、他のデータは、一部を除いてすべて架空のものです。

©2025 Junko Toki

ISBN978-4-296-05076-5　　Printed in Japan